智慧乒乓

技术、战术、心理

胡佩诚　刘宗雨◎编著

北京体育大学出版社

责任编辑：曾 莉
责任校对：王泓滢
版式设计：高文函

图书在版编目（CIP）数据

智慧乒乓：技术、战术、心理 / 胡佩诚，刘宗雨编著. -- 北京：北京体育大学出版社，2025. 7. -- ISBN 978-7-5644-4336-8

Ⅰ. G846

中国国家版本馆 CIP 数据核字第 2025WG7374 号

智慧乒乓：技术、战术、心理
ZHIHUI PINGPANG：JISHU,ZHANSHU,XINLI　　胡佩诚　刘宗雨　编著

出版发行：北京体育大学出版社
地　　址：北京市海淀区农大南路 1 号院 2 号楼 2 层办公 B-212
邮　　编：100084
网　　址：http://cbs.bsu.edu.cn
发 行 部：010-62989320
邮 购 部：北京体育大学出版社读者服务部 010-62989432
印　　刷：北京科信印刷有限公司
开　　本：710mm × 1000mm　1/16
成品尺寸：170mm × 240mm
印　　张：8
字　　数：101 千字
版　　次：2025 年 7 月第 1 版
印　　次：2025 年 7 月第 1 次印刷
定　　价：55.00 元

前　言

几十年来我始终酷爱乒乓球运动，总想着有一天，能将乒乓球运动的知识与技术梳理清楚，让他人少走弯路。带着这样的心情与意愿，我开始了本书——更确切地说，是一本配有视频的书——的写作。

作为一名在心理学领域深耕了几十年的研究者，我希望能将运动心理学的知识与乒乓球运动相结合，写出一本不同于现有乒乓球相关书籍的著作，探索如何提升乒乓球运动的智慧性、趣味性和健康价值。

人的生命存在于运动与静止的循环往复中，缺乏运动的机体会更早地停止运转，反之其运转时间则会延长。虽然大多数人都懂得这个道理，但中国人口中能长期保持规律运动习惯的人群占比仍不显著。当代社会的职业结构、工作模式发生了深刻变革，大量从业者摆脱了高强度体力劳动，随之而来的是人体活动水平显著下降。对于现代社会的人来讲，需要强调“动”，即人体各系统的均衡性活动。而乒乓球运动正是人们的运动健身的理想选择。

本书考虑了不同阅读者的水平，将乒乓球运动技战术指导及心理指导的内容分成初级、中级、高级三部分，方便读者结合个人的情况来选择阅读，本书还结合专业运动员及业余球员常见的问题，进行有针对性的解答。书中有理论、有视频，既有对乒乓球技战术的深入讲解，又配有可扫码观看的关键动作的视频，视频穿插在文字之间，方便读者边读书、边观看，十分实用，也十分好看、好读。本书致力于提升读者的实战技术水平，并为乒乓球训练研究提供实践依据。

本书中的心理学原理与技术，是绝大多数同类书中缺少的内容。运动心理学是竞技运动参与者必须掌握的基础知识和有效工具，本书谈及了诸多涉及情绪、人格等基本的心理学问题，希望对读者有所裨益。

本书以单打为主要技术进行研究，并不能覆盖所有类型的打法，但是读者可以触类旁通，通过本书能对各种打法都有所了解，此外，本书技术动作解析以右手持拍为基准示范，左手持拍者需对应调整方向。

《“健康中国 2030”规划纲要》提出推动全民健身和全民健康深度融合。我们愿意贡献一份力量，促进全民健身活动的开展。

生命在于运动！生命质量的提高在于高水平的运动！

胡佩诚

2024 年 7 月

目　录

上篇

乒乓球运动技战术指导

第一章　初级：乒乓球运动的技术

本章将讨论乒乓球运动的特点、技术要点和实战技术，使读者在乒乓球运动中能够更好地运用技巧，提高技术水平。

第一节　乒乓球运动的特点与技术要点

一、乒乓球运动的诞生与在我国的发展

乒乓球运动的起源与网球运动有着密切的联系。乒乓球英文名为 table tennis，即桌上网球。目前公认的说法是，19 世纪末，乒乓球运动起源于英国，流行于欧洲。

中国的乒乓球运动起步于 20 世纪初，早期只有上海、北京、天津、广州几个大城市开展了此项运动。1918 年，上海率先成立了乒乓球运动组织，并于 1923 年首次举办了比赛。中华人民共和国成立后，中国的乒乓球运动得到了飞速发展。自 20 世纪 50 年代开始，群众性的乒乓球运动便得到广泛开展，乒乓球技术水平在此基础上逐步得到提高。1953 年，中国首次参加了第 20 届世界乒乓球锦标赛。1959 年，中国优秀乒乓球运动员容国团夺得第 25 届世界乒乓球锦标赛的男子单打冠军，标志着中国乒乓球运动在世界的崛起。自此，中国乒乓球运动员在各种国际比赛中屡创佳绩。国人引以为豪的是：乒乓球已成

为“国球”。

二、乒乓球运动的功能

乒乓球运动不仅是一项球类运动，它还具备七项运动的功能。因此，参加了乒乓球运动相当于同时参加了七项不同的体育运动。

（1）太极的刚柔相济。乒乓球运动亦刚亦柔，老少皆宜。年轻者进攻时如泰山压顶，凌厉难挡；年长者可以控制力度，四两拨千斤，以柔克刚。这样的运动，大有打太极拳的功效。

（2）短跑的爆发力。乒乓球运动具有快节奏和激烈对抗的特点，乒乓球比赛往往几个回合就能结束。手臂不断地挥拍击球，脚步不断随对手来球落点的变化迅速移动。据统计，在一场激烈的乒乓球比赛中，运动员的挥拍次数可达数百次，脚步移动总距离超过一千米。这样的运动与短跑运动员的快速爆发力训练具有相似性。

（3）羽毛球的灵敏。在所有球类运动项目中，羽毛球的速度是比较快的。但是，乒乓球的速度又在羽毛球之上。乒乓球的球体小而轻、攻防转换迅速。乒乓球运动要求运动员必须在最短的时间内调动视觉、听觉等感觉器官，根据不同的来球做出准确的判断和反应。因此，可以说，乒乓球运动对灵敏反应的训练是非常有效的。

（4）投标枪的协调。一个完整的击球动作就像弹簧一样收起再弹开，需要从脚开始，到腿、臀、髋、腰、背、胸、肩、臂与手的协调。虽然一个人的协调性很大程度上由先天因素决定，但是乒乓球运动能够改善人体的协调性，这一效果与投掷标枪的运动效果类似。

（5）体操的柔韧。乒乓球运动对运动员的柔韧性的要求十分严苛。观众经常可以从电视上看到乒乓球运动员们以大幅跨步、横劈叉等极限动作救球。不仅如此，左右手换拍、背后击球等动作都要求运动员具备良好的韧带延展性。运动员长期坚持打乒乓球，其身体柔韧性会越来越好，其身体会变得像体操运动员的身体一样柔韧。

（6）围棋的判断力。由于乒乓球的高速和旋转，运动员在打球过程中必须要对球的方向和力度有预判，接球的时候必须根据实际情况做出空间和时间上的判断，不知不觉就锻炼了大脑的注意力和对事物的预判力。乒乓球运动和围棋运动中的“提前预判对手意图，抓住对手的弱点”很类似，都需要大脑高度准确的判断力。

（7）网球运动的肌力。乒乓球中常见的爆冲弧圈球，是要把全身有限的力量全部用在击球的瞬间，使球的速度达到极致。为了保证击球力量的最大化，体能训练是必不可少的，这在一定程度上也具备了网球运动的功效。通过长期系统的体能训练，运动员在提升肌肉质量的同时也增强了力量素质。通过打乒乓球，身材也越来越好了。

三、乒乓球运动的装备

1. 胶皮与球板

选好胶皮，要掌握以下知识。

（1）正胶。在底板和胶皮之间有一层海绵，海绵连同胶皮的总厚度不得超过 4 毫米。其特点为：弹性好，回球速度快，能制造旋转不强的回球。

（2）生胶。正贴胶皮海绵拍的一种，胶皮颗粒较大，胶粒和胶皮较硬。其特点为：反弹力强，回球速度快，对球的摩擦力小，球在拍面上停留的时间短于正胶，击球部位旋转弱，击出的球略下沉。

（3）长胶。正贴胶皮海绵拍的一种，颗粒高度高于正胶、生胶。其特点为：胶皮较软，对球的摩擦力极小，故不会受来球旋转的影响。用此拍搓或削下旋球时，回球变成上旋球，挡或攻上旋球时，回球变成下旋球。长胶本身不制造旋转，主要依靠来球的不同旋转而产生不同的旋转效果。

（4）反胶。将胶皮上有颗粒的一面反贴在海绵上，平的一面向外，目前世界上大多数运动员用的球拍都选用反胶胶皮。其特点为：能击出旋转较强烈的回球，但是反弹力稍差，回球速度慢。

选球板要注意以下几点。第一，底板外观要平整，手摸上去要感觉平滑。第二，用手敲击底板时，声音较脆且音源集中的底板弹性大，击球速度快，但稳定性差；声音沉闷且音源分散的底板弹性小，击球速度慢，但稳定性好。球板的选择以击球时不感到底板震手（球板不能太薄）且控球性能较好为宜。球板的厚度在 6.5 毫米左右（太厚可能过重）。

至于海绵，我们要根据不同的打法，选择搭配不同的海绵。

2. 不同打法选不同球拍

（1）近台快攻型球拍。近台快攻是我国的传统打法，使用这种打法的运动员一般选用反胶或正胶海绵拍。快攻要求较高的爆发力，借力加力，因此应选用较重的球拍。底板重量为 90 ～ 95 克，胶皮厚度要求正胶 1.8 ～ 2.1 毫米、反胶 1.5 ～ 2.0 毫米，硬度在 40° 左右。

（2）弧圈快攻型球拍。这是结合了旋转与速度的主流打法。大多数运动员选用反胶海绵拍。这种打法自主发力多，动作幅度大，因此，要求球拍的重量较轻，底板重量一般为 85 克；胶皮厚度为 2.1 ～ 2.2 毫米，硬度在 45° 以上。

（3）攻削结合型球拍。这是攻守兼备的打法。应选择颗粒较长的反胶球拍；胶皮厚度为 1.5 ～ 2.0 毫米、软硬适中（40° 左右）。由于攻削变化大，一面选用反胶，另一面选用厚度在 0.8 毫米以下的极薄的长胶、正胶或生胶胶皮。

3. 乒乓球拍胶皮保持黏性

球拍胶皮的黏性是乒乓球技术发挥的重要因素之一。

保持球拍胶皮的黏性很简单，即保持胶面的清洁，不要有灰尘或其他污渍，否则会影响球拍胶皮的摩擦力或者破坏胶面的黏性。球员在每次打完球之后可以在胶面上喷一点乒乓球拍专用清洁剂，再用海绵擦干净，之后贴上保护膜放入拍套即可。

胶皮会越打越黏，一般可以用一两年。如盖胶层打掉了，也就是胶皮起鳞了，胶面开始打滑，持不住球，控制力会降低，失去了黏性，这个时候就须更换一块胶皮了。

4. 乒乓球运动的服装要求

乒乓球运动对服装的要求并不高，但是应注意以下问题：服装要选材质较轻，伸缩性、吸汗性、散热性及蒸发性较好的运动衣裤，一般包括短袖运动衫、短裤或短裙、短袜；球鞋要选择乒乓球专用球鞋，底较厚、缓冲性能好、防滑性能好，略宽松为好；袜子选用棉质且具缓冲性能的为好，松紧带不要太紧。

此外，还应注意的一个问题是，一年四季的服装应有变化，特别是四季变化明显的地区，更应注意随天气冷暖变化而准备薄厚不同的长袖衣服与短袖衣服。

四、乒乓球球员的自我保护

虽然乒乓球运动是一项比较安全的运动，但是球员也不能掉以轻心，应注意不要受伤，最重要的是保护好 4 个部位。

1. 保护好手腕

人的腕骨由 8 块小骨组成，这是手腕能完成多种精细动作的原因。手腕的活动范围很小，当击球时，整个手臂起到杠杆的作用，手腕快速做出内旋、外展的动作，如果腕关节的灵活性不好，或腕关节的力量较差，就容易发生运动损伤。因此，运动前要做好准备活动，包括手腕，不要发“死力”。当腕部发生轻度损伤时，在 24 小时内应冷敷，24 小时以后可用中药热敷，适当按摩，促进瘀血吸收。

2. 保护好腰部

在乒乓球运动中，人体始终要保持上体前倾的状态，这时，腰椎的棘上韧带、骶棘肌要保持紧张状态。运动过后若不注意放松，则可能造成腰部过度疲劳，积劳成疾。在乒乓球运动中，几乎每一次击球都离不开转腰这个动作，腰部活动以大肌肉群为主，若准备活动不充分，转腰也容易给腰部造成运动损伤。因此，打球前一定要做好腰部的准备活动。注意打球过后，也要安排整理运动，并充分休息。若出现轻微腰部损伤，可减少活动，并采用按摩、远红外照射等方式进行缓解。若出现重度腰部损伤要及时就医，全面处理。

3. 保护好膝关节

由于在打球过程中，膝关节始终处于半屈位，关节周围韧带处于紧张和牵拉状态，容易造成损伤。一方面要做好准备活动，另一方面，打球时不要单侧运动，即总是打正手或反手。运动中间要注意休息。

在乒乓球运动中，膝关节损伤在运动相关性损伤中的占比超过 30%。所以，在打乒乓球时保护自己的膝关节是很重要的，尤其是中老年朋友，在打乒乓球时膝关节更容易受伤。在打乒乓球的过程中，球员主要靠腿和腰的配合移动来确定球的落点。击球的时候需要下身发力，因此膝关节受力较重。如果大腿肌肉的力量弱，在移动重心或突然失去重心时，就容易造成膝关节周围软组织（如软骨、韧带及半月板）的运动损伤。

以下是保护膝关节的方法。

（1）站桩（蹲马步）练习。双脚分开站立，间距约与肩同宽，切忌分开过宽，双腿稍下蹲，膝关节的垂直线不要超过足尖，一定要收腹敛臀，如果动作正确就能感觉膝关节以上大腿前侧肌肉吃力。每天可以抽空练几次站桩，每次几分钟，有酸痛的感觉时就达到锻炼效果了，长期坚持就可以强化膝关节周边肌肉的力量。

（2）仰卧直抬腿练习。仰卧，直腿上抬 45° 左右，缓慢反复多次抬腿就会感到大腿前侧肌肉酸痛，这样可以锻炼大腿前侧肌肉的外侧部位。可适当在脚踝处增加重量，如绑个小沙袋，负重锻炼的效果更好。

（3）做好预防措施。训练前一定要做好准备活动，包括慢跑、膝关节周围肌肉韧带的牵拉，既保护膝关节，又保护腰部。此外，通常在打球半小时后休息一段时间再运动比较好。

4. 保护好肩关节

打球时，如果长时间用手臂扣球，过度牵拉肩部肌肉，就容易造成肱二头肌肌腱损伤。为防止出现运动损伤，训练前一定要做好准备活动，在运动中，每隔半小时要适当休息，放松肩关节。

对于业余球员来讲，身体的健康是首位的。打乒乓球是一项全身运动，可以锻炼力量、速度、耐力、柔韧性和灵敏性，好处众所周知。但是由于个人身体差异和锻炼方法不当，打乒乓球也会造成运动损伤。比如，六十岁以上的老人基本上都有不同程度的骨质疏松，运动时首先要预防骨折。运动前做好热身运动，预防运动拉伤，同时，检查好地面状况，防止滑倒。运动中控制力度和强度，保护好腰椎。此外，有心脑血管疾病的人在剧烈运动时容易心跳加速，呼吸急促，导致脑血管供血不足，这类人在打乒乓球时要注意中途休息，一旦不适就要停止运动。

五、乒乓球运动的技术要素

1. 乒乓球的五大技术要素

乒乓球最为关键的技术要素有五个：弧线、力量、速度、旋转和落点。

（1）弧线。指的是乒乓球在空中飞行的轨迹。由于球网的关系，乒乓球的运行轨迹必须以一定的弧线形式表现出来。当来球反弹后高度低于球网时，球拍应向前偏上方发力，以使球的飞行弧度增高，避免下网；当来球反弹后高度高于球网时，球拍的用力方向应向前偏下方向发力，使球的飞行弧度减小，避免出界。

（2）力量。在进攻中加力扣杀，可使对手接不到球或降低对手的回球质量；通过加强摩擦制造的旋转球能提升进攻的有效性。这是制胜的一个很关键的因素。

（3）速度。球场上的机会稍纵即逝，球员如果能在最短的时间内处理好球，取得胜利的机会就能大大增加。速度就是制胜的法宝之一。

（4）旋转。利用与制造各种旋转球，为自己制造有利局面，使对手难以回击，或迫使对手回球失误，伺机得分，这就是在比赛中球员应重点考虑的一个问题。

（5）落点。球落在对手球台的什么地点才能调动对手前后左右移动，这是球员在回球时必须思考与谋划的。

2. 弧线的控制方法

很多乒乓球教练员都说控制弧线是乒乓球技术的重中之重，如果一个运动员能够掌握弧线的控制方法，就说明这个运动员已经成为了乒乓球的高手。乒乓球的力量、速度和旋转都是制造弧线的关键因素，这三点因素可以决定乒乓球飞行弧线的长度以及弧线曲度。

运动员在拉高吊弧圈球的时候，主要是由下而上去进行摩擦，但由于向前的发力很少,导致击出的球飞行曲度较大,而弧线不会特别长。对于半高球而言，若直接采用扣杀技术，这个时候球的弧线就会比较平直，曲度很小，撞击的成分很大，几乎没有什么摩擦。因此，击球力度、摩擦程度、发力方向和击球位置不同，球的飞行弧线也不同。

教练员在指导运动员的时候，经常会说：要学会多制造点弧线，加点保险，先保证上台。所以弧线在乒乓球运动当中起到的关键性作用就是保证上台率。“加保险”是指在发力的过程中，想要制造出球的弧线，就要加入摩擦。摩擦是指在击球过程中球拍与球的接触产生的一种“黏性”效果。这种效果能够使球拍更好地控制球的走向和速度。通过不同的击球力度和击球位置控制球的飞行弧线。如果对球的摩擦不够，没有通过包裹住球的顶部来制造出球向下飞行的弧线，那么球被撞击后很容易出界。

讲到弧线的制造，很多人的第一反应就是转动手腕，去压拍，导致拉球的动作就成了抬肘、翻腕。实际上高水平运动员调整手腕的动作是非常细微的,并不是完全靠转动手腕调整击球的弧线,很多常规球，靠的是用身体的重心变化来制造击球的弧线，即用身体的发力来带出挥拍的弧线曲度，而挥拍的曲度和球飞行弧线的曲度基本一致。用身体去调节挥拍曲度，可以保证击球更加稳定。如果靠手腕去转、去压拍，就很难把球打上台，失误率会非常高。因此，球员要学会用身体的下压、前倾和抬高去改变拍形。因为当身体往右下方压的时候，拍形自然会打开，会垂直得比较多一些，当球员的身体往前倾、往前压的时候，拍形自然会前倾得更多一些。因此，身体重心变化及转腰发力带来的弧线曲度，不仅可以改变击球的角度，也可以改变球的飞行弧线。这也正应验了一句话：打乒乓球靠的是整个身体的协调配合，当一个人能够利用身体来控制击球弧线的时候，说明他已经成为了一个真正的乒乓球高手。

3. 常用的打法类型

综合各种技术、战术及其运用特点，人们普遍认为乒乓球运动有四种打法类型。

（1）快攻类。该类型包括两种打法：一是左推右攻；二是两面攻。两者共同的特点是近台站位，以速度为主，抢先进攻，先发制人。这类打法的技术风格为快速、准确、凶狠、多变。

（2）快攻结合弧圈类。其特点是中近台站位，以速度为主，结合旋转。弧圈球是进攻的主要技术，并为进攻开路，球员陷入被动局面时，可以用这一技术相持、过渡，伺机反攻。

（3）弧圈结合快攻类。其特点是中近台或中台站位，以拉弧圈球为主要得分手段，常以前冲弧圈球代替扣杀。

（4）削球类。其特点是中远台站位，以削球的旋转变化及伺机进攻为主要得分手段。

六、乒乓球运动要用头脑打球

乒乓球运动是需要用头脑打球的运动，其原因有：一是乒乓球体积小，越小的东西其运动规律越难把握，越需要直觉；二是乒乓球是圆形的，运动过程的旋转千变万化，而且凭肉眼很难分辨清楚，需要靠一些现象来判断，这就是手上的功夫；三是乒乓球运动的场地小，参加比赛的双方的距离很短，球速又会很快，在这样的条件下，需要快速反应来应对，注意力需要高度集中才能准确判断乒乓球的运动规律。打好乒乓球极其需要经验，有时我们会说是运气。

因此，要想在极短时间内形成优势，不落下风，头脑判断准确且手感好是非常重要的前提，只有手感好，才能更好地控制球的运动。这要求乒乓球运动的基本功必须扎实。

如何训练才能使自己的手感变得细腻呢？一般来说，熟能生巧，只有在平时的训练中一点一点地积累感觉，才能拥有扎实的基本功。这就是要用实力、用头脑打球。

乒乓球运动既是一项竞争性、娱乐性很强的运动，又是一项需要头脑的运动，需要有明确的目的性和方向性。球员需要增强以下意识，来快速提高自身的水平。

判断的意识。应对不同的来球，需采用不同的打法，若想打好球，球员首先要对来球做出及时、准确的判断，这是一场比赛的关键。也就是说，球员要认识来球是上旋还是下旋，长球还是短球，长胶打过来的还是反胶打过来的。不能判断来球就无法进行下一步的处理。

盯球的意识。盯球是正确判断的基础。球员每次击球后，都应随时密切注视对手击球的动作，尤其是击球瞬间的动作，并紧盯球的飞行轨迹、方向和可能的落点。

移步的意识。打乒乓球不是单纯地依靠手法，也要有步法意识。也就是说，要确保在最佳位置和时间击球，最大程度地发挥自己的特长，如侧身攻，必须有移步的准备，只有移步到位，技术才能有效发挥出来。移步是取得“战机”的前提。

还原的意识。每打完一个球，球员应迅速调整重心，将身体尽量还原，接近准备姿势，为还击下一球做好准备。若球员因认为自己的击球会使对手难以招架而松懈，一旦对手成功回击，该球员便会因反应不及而陷入被动局面。还原到位是乒乓球训练的基本要求。

战术的意识。一是注意研究如何在比赛中运用战术，只有合理地运用战术，才能使技术水平得到充分的发挥。二是在训练中应带着战术意识练球，如将攻两角战术和攻中路追身战术有机地结合起来。打乒乓球时要动脑，要研究对手是什么打法，有什么长处与短处，自己要采取何种战略战术。

落点的意识。在训练中，特别是在比赛中，要注意击球的落点。一般情况下，大角度球、追身球、近网短球、底线长球和似出台而未出台的球的落点较好。对于左推右攻打法的对手来说，底线反手下旋球和调右压左回球的落点最有威力。

旋转的意识。在训练中，要自觉提高发球、搓球、拉球、放高球等技术的旋转强度，善于利用这个方法来扰乱和战胜对手。高质量的旋转球往往能令对手难以招架。

速度的意识。提高击球速度，重视手腕与手指的力量，条件允许时快速抢攻，不能提速时，可先过渡一板，伺机提高击球速度。快中取胜是一条屡试不爽的经验。

变化的意识。球员不仅应主动改变乒乓球的落点、旋转，还应主动改变击球的节奏。如同类发球应包含快慢节奏变化，不能一成不变。球员在击球前要保持动作隐蔽，在动作变化的同时避免被对手预判出自己的意图。

抢攻的意识。力争抢先上手进攻。善于打侧身进攻的球员应采取提前侧身抢攻或直接搓长球到对手正手的策略。比赛中，不能总是被动防守，等对手出错，只有主动进攻，才能取得更好的成绩。

凶稳结合的意识。凶（攻击性）与稳（稳定性）是相互依存的，因此，在训练与比赛中，一定要注意二者的结合，不可只关注一个方面。凶强调主动性、攻击性，稳注重稳定性、连续性，两者的有机结合是制胜法宝。

创新的意识。乒乓球运动的创新应该体现在技术、战术、训练、理论等多个方面。有创新的意识，往往会事半功倍。创新对于乒乓球运动来讲就是求变、求新、求奇，要有进步和发展，永不满足！

七、乒乓球运动的基本训练方法

1. 规范技术动作

规范技术动作简单合理、快速高效、舒展利落、命中率高、便于发力，是还原和衔接的最佳结合，使击出的球能够达到快、准、狠、变、转的效果。规范的击球动作不仅是前人经验的结晶，也是后人进步的基础。因此，球员要想“涨”球，应从规范技术动作开始纠正。

2. 定点定线多球练习

常言道：“台上一分钟，台下十年功。”专业运动员在台下苦练基本功的时候，那些单调无味、千篇一律的定点定线多球练习很少为人所知。很多业余球员混淆赛与练，平时赛练不分，甚至只赛不练，还美其名曰“以赛代练”“练与战紧密结合”，不仅赢不了球，还会在竞争中失去提高技术水平的机会，失去乒乓球运动带来的快乐。只有经常进行定点定线多球练习，训练击球的稳定性，才能提高控球能力和命中率。

定点定线多球练习确实是个迅速掌握技术的好方法。比如练习拉球，比赛中拉球的机会有限，但通过多球集中训练，单次练习的拉球数量比得上一周比赛的拉球数量。况且，持续进行拉球练习，球员就能根据球下网、出台的情况，及时调整发力方向和拍形，通过手指微调形成肌肉记忆，使动作定型。

专业运动员有教练辅助练习，自然要好得多。业余球员也可以用发球机来练习拉球。在没有合适的条件下，球员应主动创造训练条件。

3. 收胯转腰练习

有的球员在打球时靠翻腕击球，全身的动作非常僵硬，腰和身体其他部位没有很好地带动手臂去挥拍。这样既不是在练正手攻，也不是在练快带。收胯转腰的正确动作应为（以右手持拍为例）：收胯，把重心压在右脚上，蹬腿，顶胯，将重心移至左脚，手要跟着转动。

球员在打球的时候要放松，注意不要只依靠手腕发力击球或控制球的弧线，不要刻意压拍。要运用前臂击球，要收前臂，手腕尽量不要乱动，身体放松，用腰带动前臂挥拍，腰转动的过程中手臂自然会跟着往前转动，前臂向前上方放松地收拢一点即可。

4. 分解练习动作

一个完整的击球动作看似简单，实际是很复杂的，脚、腿、髋、腰、肩、臂、腕、手指等各部位协同发力，合理协调运动，最后将力量传导并集中作用到球拍上。不经专业教练指导或不反复练习，球员很难掌握这些动作。人的注意力有限，当动作不熟练时，往往顾此失彼。球员最好先将动作分解练习，再串起来综合练习，这样更容易掌握动作。分解练习动作后，再串起来综合练习就有了基础。

以上四点，是初级水平的球员进一步提高的关键。

八、乒乓球运动的站位

站位往往会影响球员的发挥。如果站位正确，球员在比赛中就会应对自如，保持稳定的击球姿势与迅速的步伐移动，从而使接球时跑动的距离更短、速度更快。

1. 站位类型

（1）近台站位：站位距离球台端线 50 厘米以内。

（2）中近台站位：站位距离球台端线 50 ～ 70 厘米。

（3）中远台站位：站位距离球台端线 70 ～ 100 厘米。

（4）远台站位：站位距离球台端线 100 厘米以外。

2. 站位要求

（1）直拍左推右攻球员：左脚稍前，左脚位于球台左边线的延长线上，身体与球台端线的距离为 40 厘米左右。

（2）直拍弧圈球球员：脚的位置基本同上，身体要面向对手球台的左角，距离球台左角 60 厘米左右。

（3）横拍两面攻球员：两脚基本平行，左脚在球台左边线的延长线上，身体距离球台端线 65 厘米左右。

（4）正手攻球球员：左脚稍前，右脚稍后，两脚间距略宽于肩，重心在两脚之间，身体通常位于球台左半区，距离球台端线 30 ～ 50 厘米。

3. 回位要求

击完球后，球员要回到开始准备击球的位置，要站在能有效应对对手回球的防守区域。

九、乒乓球运动的步法训练

1. 单步移动

以一只脚为轴，另一只脚向前、后、左、右不同方向移动，身体重心随之落在移动脚上，动作快速简洁。

2. 并步移动

一脚向另一脚方向并半步或一小步，另一脚在并步脚落地后随即向来球方向移动一步，移动幅度介于单步与跳步之间，无腾空动作。

3. 侧身步

（1）单步侧身：右脚迅速向来球右后方移一步。

（2）跨步侧身：右脚向右前方跨一步，然后左脚向右后方移步，重心落在左脚上，要收腹转体。

（3）跳步侧身：右脚蹬地，重心通过左脚，然后两脚同时离地，向左侧跳一步，右脚先落地，重心落在右脚上，然后左脚落地。

4. 前交叉步

先以靠近来球的脚为支撑脚蹬地，远离来球的脚迅速向来球方向跨出一大步，然后支撑脚向前移动一步。

5. 后交叉步

先以靠近来球的脚为支撑脚蹬地，远离来球的脚迅速向来球方向跨出一大步，然后支撑脚向后移动一步。

步法训练要与技术动作练习同步进行，不少业余球员步法不好的原因是早期训练的时候忽略了步法训练。

第二节　乒乓球运动的实战技术

一、乒乓球运动的四结合

1. 将训练与实战相结合

球员平时不仅要重视基本技术的练习，还要注重将基本技术转化成为实战技术。举一个最浅显的例子，平时大家总爱练习对攻或对拉，从练习的目的来看，主要是提高对攻或对拉的稳定性，使动作更为熟练。但这还远远不够，因为练习的目的不仅仅只是动作熟练，更重要的是研究怎样在比赛中将练习的技术发挥出来。基本技术的练习要从实战的需要出发，找到在比赛中将球调到正手的途径，使球员平时所练的技术有使用的机会，这才是有效的练习。

这个过程就是基本技术向实战技术转换的过程，实现这一过程是需要方法的。因此，基本技术的练习要选择有效的方法，评价方法是否有效要看基本技术能不能转换成实战技术的能力。

建议球员在平时打球时既要有基本功的训练，又要有实战的训练；既要克服自己的弱项，扎实练好基本功，又要参加比赛，看看自己的实际运用水平是否有提高。

2. 将多种技术相结合

具有多种变化的运动都具有技术转换的要求，乒乓球运动更是如此。从总体上分析，乒乓球运动中的技术转换有两种情况，一种是同类技术之间的转换，另一种是不同类技术之间的转换。

相对于不同类技术之间的转换，同类技术之间的转换在难度上要小得多，因为越是复杂的转换，衔接的要求就越高。比如，虽然正手拉与正手攻是两种不同的技术，但因动作比较相近，转换起来相对容易。如果是正手拉后接反手弹，动作之间没有什么相似之处，那么，转换的难度就要大得多。

平常所说的技术熟练并不是指某一单项技术的稳定性和熟练程度，重点是指不同类技术的转换与衔接的熟练程度，这也是球员在平时练习中必须要重点突破的地方。

一般来说，在平时练习时，球员应重点围绕不同类技术之间的转换这一关键点，把那些不太协调、衔接不畅的技术动作的练习作为突破口，把有限的练习时间集中用在重点的练习内容上，这样更容易解决技术问题。

如果一个球员只有一种技术非常熟练，其他的技术太差，那么该球员技术水平的提高会有困难。球员只有将技术训练与实战有机结合，才能更快地提高水平。

3. 将转与不转相结合

在球类项目中，旋转作用明显的非乒乓球莫属。旋转是乒乓球的魅力所在。同样，旋转也是学习乒乓球的难点所在。其实，球员真正要了解和掌握的旋转主要是上旋和下旋两类，单纯的侧旋在乒乓球运动中是极其少见的，它总是伴随着上旋和下旋而存在，反过来，大多数的上旋和下旋也都带有侧旋的成分。

介于上旋球与下旋球之间的球被称为不转球。其实单纯的不转也是不存在的，它真正的名字应该叫弱转。与侧旋一样，不转是伴随着上旋与下旋而存在的。这样就简化了对旋转的认识与判断，球员可以将注意力直接集中到了乒乓球运动中旋转变化的核心，即上旋与下旋之间的转换和上旋与下旋之间的抗争。

球员处理旋转的能力表现在两个方面，一是对付不同程度的同一旋转的来球，二是对付不同程度而又不同旋转的来球。对一个专业球员来说，这两个方面的能力缺一不可。对广大业余球员来说，首先要解决的是打下旋球的能力不足的问题，力求做到稳定、准确。

相反，专业球员和水平较高的业余球员处理下旋转上旋的能力较强，他们的能力不仅体现在打下旋球的技术上，还体现在应对不同程度的同一旋转的来球上，特别是上旋球的技术上。打乒乓球不仅要达到稳定、准确的要求，还必须使球具有威胁性。这种威胁性，体现在力量、速度、旋转和落点上。

4. 将拉高调加转与拉前冲相结合

常见的弧圈球有加转弧圈球、侧旋弧圈球、前冲弧圈球和不转弧圈球等。其中前冲弧圈球和加转弧圈球在比赛中较为常见。不同的弧圈球有不同的作用。

前冲弧圈球主要负责拿分，是必杀技和得分的主要手段。如果球员觉得机会很好，那么建议选择前冲弧圈球；如果球员觉得机会一般（比如自己位置不好或来球难度较大），那么球员就可以先拉一板加转弧圈球作为过渡，为进攻创造条件。甚至有时候可将加转弧圈球作为一项防守技术使用。

加转弧圈球有一个作用，那就是不易识别落点及飞行轨迹，使对手难以掌握回球的节奏和时间。总之，机会较好的时候，尽量拉前冲弧圈球；机会一般的时候用加转弧圈球创造进攻机会；需要进行节奏变化的时候，可以用加转弧圈球调整一下节奏。

二、乒乓球运动的松紧调节

打乒乓球时，没有放松，就没有节奏。所以，球员在击球前要保持前臂放松，身体其他部位要稍微绷紧。

首先，前臂要放松。这一点不仅适用于发球时，还适用于整个打球过程。职业运动员打球时气定神闲、游刃有余，看似没用多大力，但是击球质量高，而很多业余球员打球时虽然动作幅度很大，但是动作显得仓促、狼狈，击球质量也不高，其原因和没有学会放松有很大关系。所以，不但发球时要保证前臂放松，除挥拍击球瞬间外，整个打球过程中的大多数时候前臂都应该是放松的。其次，手指要放松。如果手指握拍太紧，就无法做到放松前臂。

一说到放松，很多业余球员以为是很简单的一件事，实则不然，放松是要进行专门练习的。

第一，正手攻球时要做“放松练习”。这是最简单和最常用的放松练习：球拍击球瞬间，前臂发力，击球后，前臂立刻放松。有时候一些业余球员练习正手攻球，其动作本身没有多大问题，但是看上去就是别扭、不协调，很多时候就是因为上一板击球和下一板击球之间没有放松还原。

第二，发球抢攻时要做“放松练习”。发球时，球拍触球前，要做到前臂放松，在击球的瞬间，要做到前臂发力。记住，击球后立刻放松前臂，目的是确保抢攻击球前前臂放松。

第三，连续拉球时要做“放松练习”。有基本功好的球员陪同练习当然最好，如果没有，用发球机也行，练习时做到球拍击球后立刻放松前臂，即放松—发力—放松—发力。

很多球员在打球时虽然看起来挺放松的，却是那种松散的感觉，不是紧凑协调的感觉。放松不是松散。举个例子，在做仰卧起坐时，前面的腹肌绝对不能放松，放松的是其他肌肉，特别是腰背部肌肉。如果腰背部肌肉也一起用力，就会造成前后肌肉的力量相互抗衡，增加仰卧起坐的困难。同理，在拉球收前臂的时候，努力地收缩肱二头肌时，就需要放松肱三头肌。对于这种放松，一般情况下球员都能很自然地做好。可是在快速打球的过程中，有些球员会因紧张而做得不好。当发力击球的时候，有些球员的肩膀会耸高，手臂尽量向远伸展，打球的效果却并不好。

松散动作的还原是很慢的，挥拍幅度大，效率低。如果对手的球速快，动作松散的球员就可能被球“顶”到。所以还是要在动作框架稳定的基础上放松，充分利用和球的关系，和来球合上力量，这样比拉大架势、甩胳膊这种松散打法要有效率得多，稳定性也会好很多。解决问题的根本是先改掉松散动作，只有把动作框架稳定住了之后，有了支撑，才能和来球有很好的合力，才能控制自己的动作幅度。

真正意义上的放松，是在整体动作框架稳定的基础上的协调放松。所以，各个关节应该起到支撑作用，比如髋关节、肩关节、肘关节等，这样动作框架才会相对稳定。

很多人感觉自己放松了，还是打不好球，往往是由于以上提到的内容没有做好。而且这是基础，只有这些内容做好了，才能做接下来介绍的技术改进。

有的球员动作太随意、太松散，不紧凑；而有的球员太紧张、动作太僵硬，这是两个极端。那么究竟应该什么时候紧张，什么时候放松呢？球员只有击球的时候应该是紧张的，其他时候应该是放松的。就像弹簧一样，只有足够放松，才能发挥出最大威力。人也是一样，只有足够放松，才能蓄积更大的力量，在击球的瞬间爆发出来。

三、打好乒乓球需要注意的几点

1. 学会观察预判

打比赛的时候，乒乓球的球速是非常快的，需要球员在极短的时间内干很多事情，为了提升效率，球员就需要预判和总结规律。比如，通过观察对手的手法、站位、眼神、握拍等细节，猜测对手的心理活动，预判来球的落点、速度、旋转等。基于此，球员还要判断，哪些东西是可以提前准备好的，是否可以提前到达正确的位置并等在那儿，为了达到目标可以采用的战术有哪些，最经济的方式是哪个，如果对手的回球出乎预料，该如何进行二次启动，有哪些方式可以采用，最经济的方式是哪个。

打乒乓球就像下棋，只要预判好了，大多数情况下，就能够提前到来球会到达的位置上等待，所以对手会产生你总是能预判到他的意图的感觉，从而在技术和心理两个方面被打击！

2. 持拍手同侧脚找球

如果球员是右手持拍，那么持拍手同侧脚就是右脚，球员要基于此去选择合适的步法。所以从某种意义上可以说，乒乓球是用头脑和脚在打的。只有脚步到位，重心才会稳定，才不会出现够着打球的情况。

3. 用步伐调整身位

经常能看到一种情况，有的球员就像是用胶水粘住了脚，不动脚步，用胳膊够着打球，重心不稳。步法是击球动作的基础，球员预判到来球的落点之后，应立即挪动脚步，移动至比较舒适的击球位置上，这样才能发挥弧圈球的威力。

4. 找准击球时机和击球点

击球时机太早或者太晚，都会影响加转弧圈球的效果。刚开始练习加转弧圈球的时候，建议等球落到球台端线（底线）外，在球的下降前期或者下降中期再去拉球，有个制造强烈弧圈的时间差。

5. 动作中有顿一下的感觉

与前冲弧圈球的抢速度和高点不同，打加转弧圈球时需要顿一下，等到球到了下降前期或者中期再击球，要准备好充足的摩擦时间和空间。身体的配合（转腰、蹬地、收前臂）也是至关重要的。要体会顿一下的感觉，在每一板之间都要体现出来！

6. 具有整体和连续的意识

不少球员没有连续的意识，典型的表现就是击球后没有立即完成动作还原，被对手的回球追身了。表面上看，这是没有及时完成动作还原，实质上是没有整体的规划，没有整体意识和连续击球的意识。

四、器材与技术融合提高

在乒乓球比赛中总是发挥不出最佳水平，是哪里出了问题呢？其实问题有两个方面，分别是器材问题和技术问题。

1. 器材问题

先抛开技术，分析球员的器材。造成攻球出界，可能是球拍弹性太大，球停留时间过短，控球能力和制造弧线的能力比较差，容易造成击球出界。

很多球员选择球拍存在一个误区：正反手都用涩性套胶，或者正反手都用黏性套胶。这两种选择都是不合理的，基本功比较扎实的球员才可以这样做。建议业余球员还是正手用黏性套胶，反手用涩性套胶。

如果出现球经常下网的情况，可能是由于球拍的弹性比较差，难以借力。球员一定要选好适合自己的球拍，弹性太差的球拍不能使用，因为会影响回球的效果；弹性太强的球拍也不合适，因为弹性好，出球速度快，持球时间短，难以控制。只有当基本功达到一定水平的时候，球员才能驾驭弹性大一些的球拍。

对于贴拍贴不好的问题，如果是套胶粘贴不牢固，可以撕下来重新贴。器材虽然不是技术提高的主要影响因素，但是合适的器材能让球员更好地发挥自身水平。

2. 技术问题

器材方面的问题是客观的原因，主观的原因还是技术问题。

攻球经常出界的原因有如下几点。

（1）重心太高。这个问题常见于不习惯弯腰收腹的球员。重心太高就容易造成出球位置偏高，这样就会导致整个击球弧线偏高，很容易造成攻球出界。打乒乓球时要求压低重心是为了控制击球弧线的高度，同时也是为了能够快速移动步伐。

（2）击球时没有压拍。攻球的时候拍形要亮开。把拍形亮开，不代表完全亮开，而是要略微往前压住，使球拍跟台面大概成 80° 夹角。攻球时通过重心转换把力量传导至手上，然后快速收前臂击球。

（3）击球位置偏下。这个问题也有不少球员会出现。正确的击球方法应该是击球的中部或者中上部，同时伴随着压拍，从而制造出理想弧线。但是有些球员总是击球的中下部，这样的后果就是容易造成球的弧线偏高，从而导致球出界。出现这种击球中下部的原因一般是由于往下引拍，然后从下往上击球，这就是俗称的“抬球”。要解决这个问题就要把引拍动作改一下，改为往后引拍并配合腰胯转动。

（4）击球动作太往前。虽然攻球的动作需要往前，但是如果动作太往前，也容易造成球出界。要知道攻球动作是在往前的同时略微往上的，往上（常说的收前臂）的目的是制造上升弧线，往前的动作是为了制造前进的弧线，前进的弧线太长了，球就会出界。解决办法很简单，把往前的动作收住就可以了。

攻球经常下网的原因有如下几点。

（1）重心太低。有些球员非常清楚打乒乓球时要压低重心，但是他们不清楚压低到什么程度才合适，有时候会把重心压得太低，导致击球时很难用上身体的力量，所以说重心太高不好，太低也不行。正确的重心高度可以用胯部高度来做参照，攻球的时候，胯部高度跟球台齐平，或略低即可。

（2）拍面过度下压。这个问题也是很多业余球员常常出现的问题，出现这个问题的原因是，这些球员在打球的时候经常担心球会出界，一味地加摩擦，不敢加撞击，导致拍面过度下压。若想解决这个问题，首先要克服心理困难，不用过度压拍，球仍可稳定上台且不易出界。

先解决心理问题，再解决技术动作的问题，才是最合理的方法。至于技术动作上，应该先把拍面稍微压住，大概跟球台成 80° 夹角即可。

（3）动作僵硬且未做到位。这个问题常见于成年初学者。动作建立的初期，有的球员由于不够放松，肌肉比较僵硬，动作做不到位，只做了一半或者做得更少，这样很容易造成球下网。因为动作变得僵硬，所以原来传导到球上的力量突然被收住了，球获得的力量不足以使球飞过球网，就会造成球下网。解决的办法就是不断地熟悉动作，将动作练习得熟练又流畅，一气呵成。

综上所述，要解决攻球下网和球易出界的问题，先看看自己使用的球拍是否适合自己的手感，如果适合自己，就考虑技术问题。如果球拍不适合自己，那么要先寻找一款适合自己的球拍打打看，会不会出现攻球下网或者球易出界的问题，如果还是存在这个问题，就要考虑是不是自己的技术没有掌握好，有针对性地修正技术动作。

五、乒乓球制胜的三个定律

乒乓球的制胜之道无外乎三个定律：发球好，防守好，进攻强。把这三个定律掌握好，业余球员也能打赢比赛。

1. 乒乓球制胜定律之一：发球好

国际比赛也好，业余比赛也好，乒乓球比赛都是从发球开始的。球员在观看高水平的国际比赛或参加各种业余比赛时会发现，打得好的高手，发球水平都很高。

高水平的乒乓球运动员的发球技术都很出色。他们发出的球刁钻古怪，常常令对手防不胜防，从而直接得分。

在乒乓球比赛中，发球好的球员更易占得先机。业余球员想赢比赛的第一步就是练好发球。

2. 乒乓球制胜定律之二：防守好

打乒乓球的第一个动作是发球，第二个动作就是接发球。可以说，接发球就是防守的开始。

球员平时打乒乓球或参加业余比赛时，会遇到很多“死搓党”“一推到底”等类型的对手，这类对手往往难以战胜。原因在于这类对手的防守技术十分出色。无论球员怎么打，这类对手都能挡回来，如果没有高超的球技，很难战胜他们。

上面的事例说明了防守十分重要。防守好也可以说是打乒乓球的制胜定律之一。不管对手打什么类型的旋转球，打得多快或多慢，路线怎么变，我方都能给对手防过去，不失误、少失误，对手心里一定会慌。初级水平的球员想赢得比赛，必须练好防守。

3. 乒乓球制胜定律之三：进攻强

乒乓球制胜定律的前两项是发球和防守，如果将这两项技术练得炉火纯青，球员打赢业余比赛的把握就有 2/3 了。

乒乓球的第三个制胜定律，无疑就是进攻。

发球质量再高，球员也只有 50% 的发球权。防守能力再强，球员也会有失误，遇到真正的高手还是难以取胜。这就是打削球越来越难赢得比赛、防守反击型球员越来越难占据上风的原因。

在乒乓球运动中，进攻的威胁性最大。对手打过来一个机会球时，如果我方有很好的进攻技术，就可以一击制胜。如果我方的进攻技术高超，那么多数的来球都是可以进攻的。不管是传统的快攻、弧圈球、暴抽，还是新式的暴弹、拧拉等，球员只要娴熟地掌握几种进攻技术，有了机会就猛攻，一定会有更大的获胜概率。

乒乓球的第三个制胜定律最重要，它是乒乓球比赛得分、取胜的最可靠保证。球员务必掌握好两种以上的进攻技术，快攻、弧圈球、暴抽、暴弹、拧拉等都可以。进攻技术运用娴熟，想不赢都难。

六、基本功训练的四个阶段

乒乓球的基本功指的是什么？大多数人会说是正手、反手的攻防技术。其实，乒乓球基本功的训练分为四个阶段。

1. 第一个阶段：出台球的定型定点训练

先说定型，这个阶段的基本功主要包括正手攻球、正手拉下旋球、正手拉上旋球、正手快带、正手快拉、反手推挡、反手横拨、反手撕和反手拉下旋，主要是处理下旋球和上旋球的基本功。非常重要的是，基本功的练习都要结合定点训练，即结合正手位的直线与斜线，以及反手位的直线与斜线这四条基本线路，因为所有的基本技术在不同线路上的拍形和发力方式都略有差异，所以要通过定点来定型。

当球员对四条线路非常熟悉的时候，想打哪个点基本都能如愿。如果不进行定点练习，后果是非常严重的。所以，练习基本功的时候，球员不要偷懒，每个基本框架技术和每条线路都要做到熟悉。

2. 第二个阶段：台内球的定型定点训练

很多业余球员连出台球都处理不好，就急于练习各种台内技术。实际上，台内球比出台球的处理要求高得多，主要是对预判、步法、手上的功夫等各个方面的要求都比较高。只有熟练掌握了出台球的基本框架、线路之后，才能进行台内球基本功的练习。反手台内球基本功主要包括反手台内拨、反手台内挑、反手台内弹打、反手摆短、反手劈长、快搓、慢搓和反手贴（防守技术），以及反手台内拧拉和滑板技术。正手台内球基本功包括近台快攻、挑打、正手切、正手摆短、正手侧身挑打、正手挑撇和正手贴（防守技术），以及正手滑板。

滑板，不管是挑带滑板，还是拉带滑板、贴带滑板等，都是将动作和拍面进行分离处理，做出假动作，用拍形来控制和改变线路。这个技术有风险，也很实用，经常可以在比赛中出奇效。需要提醒的是，上述基本功的四条线路都要练熟。

3. 第三个阶段：摆速练习和攻防转换

从这一阶段开始，球员应练习稍带实战性质的基本功了。能够做好前两个阶段练习的业余球员已经是非常少的了，更不要说做好第三个阶段的基本功练习了，这也是业余球员难以进步的原因之一。

第三个阶段的基本功练习，需要有一定基础的教练或陪练来指导，可以进行喂多球练习。一般的业余球员不知道怎么喂球，也不知道该从何练起。这类球员要加强定点左右摆速、定点左推右攻这两个最基本技术的练习，然后进入下旋和上旋转换练习，用正手拉下旋球，将对手打过来的下旋球转换成上旋球。

同样，球员也要进行反手基本动作的练习，尤其是四条线路的基本练习，然后进行上旋球的多点训练。此外，还要练习正手两点、三点跑位，连续拉攻上旋球，反手推拨后迅速转换到正手进行上旋进攻等。总之，这个阶段的基本练习包括左右摆速基本功练习、上下旋衔接结合基本功练习、连续上旋对抗基本功练习等，为进入第四个阶段打下良好的基础。

4. 第四个阶段：实战套路练习

当球员进入这个阶段的时候，他身边需要有具备专业水准的教练或陪练对其进行指导。实战套路的基本功练习主要分三个方面：一是发球后抢攻的套路；二是发抢套路（即通过发球和抢攻来争取主动权的战术套路）；三是相持中的一些基本套路变化。实战套路的练习是需要根据自身条件进行的，球员应根据基本功的熟练程度及自己在进攻、防守、发球技术等方面的特长，全面构建自己的套路体系。

当球员完成了上面四个阶段练习的时候，就应该大胆地去进行实战了。其实，第四个阶段的基本功练习已经接近实战了。

七、乒乓球技术练习顺序

乒乓球的技术体系十分复杂，一个刚接触乒乓球的人很难真正了解怎样练习基本功才能稳步提高球技，往往频繁更换练习项目，花费的时间和精力不少，但球技提高缓慢，甚至毫无进展。在此提供一套适合业余球员的基本功练习顺序，供读者参考。

首先要说明的是，想走乒乓球专业路线的球员，应该请专业教练手把手训练乒乓球技术，若基础没打好，长期发展将受到限制。本书介绍的方法适合成年乒乓球初学者或者想系统练习基本功的业余球员。球员可以利用空闲时间寻求教练的指导，或者用发球机进行练习，按照这个练习基本功的顺序练下去，球员的球技应会稳步提高。

练习基本功前应该选择好握拍方式，使用40+新材料塑料球进行练习时，最好采用横板的握拍方式，在保证握拍姿势基本准确的前提下再进行基本功训练。在基本功训练的过程中，球员还要根据自身体会适当调整握拍细节。

在乒乓球运动中，最重要的技术就是正手攻球和反手攻球，这是快速熟悉球感、掌握其他技术的关键，特别是比赛中最常用的正手弧圈球和反手弧圈球技术都需要以这两项技术为基础。如果忽视这两项技术的练习，直接学习弧圈球技术，会影响整个技术框架的稳定性。乒乓球技术是需要大量时间进行练习的，各项技术一定要循序渐进地练习，不能操之过急。只有打好基础，才能保证后续的技术稳定性。

适合初学者的基本功练习顺序如下。

1. 反手攻球

正手攻球和反手攻球是所有基本功的基础，不仅初学者要练习，所有乒乓球球员的热身运动也都是从正手攻球和反手攻球开始的，其重要性不言而喻。

之所以建议初学者先练反手攻球，是因为对于不会打乒乓球的人来说，反手击球点比正手击球点距离身体更近，更容易打到球，能够让初学者更快地找到手感。需要特别注意的是，没有打过乒乓球的人，执拍击球通常以上臂发力为主，不会以肘为轴，收缩前臂发力。而正手攻球和反手攻球恰恰是以前臂发力为主，不能支肘或抬肘。

2. 正手攻球

练完反手攻球，再练正手攻球就会相对容易得多。注意不要抬肘，击球动作以快收前臂为主。要做到正手攻球和反手攻球时都能灵活自如地运用前臂击球，连续击球 50 次以上才算小有成就。

3. 正反手结合

正反手结合是所有技术中最关键的，可能会决定整个技术框架的定型，影响发展的技术高度。要认真体会正手和反手转换的拍形变化，单独练习正手或反手可能都挺好，一旦结合起来，就需要互相迁就调整，这是一个难点。另外，正反手结合中涉及重心转换和步法移动的内容都需要仔细体会和掌握。因此其他单项技术不着急练，一定要充分掌握正反手结合，再进行其他技术的练习。

4. 正手两点攻球

正手两点攻球的重点在于步法练习，最常见的是用并步进行正手两点攻球移动。练好这项技术可以形成良好的条件反射——先移动后击球。否则，业余球员遇到球时通常会先伸手，想不起来移动脚步。

5. 正手拉加转弧圈球

练习好正手拉加转弧圈球是理解乒乓球旋转的一个飞跃。之前练习的都是上旋球或不转球，这使初学者对下旋球没有太多概念。正手拉加转弧圈球要通过球拍摩擦将下旋球转变为上旋球，这就要求在头脑里形成不同于攻球的感觉，即在球拍摩擦到球的瞬间就能感觉到球是否能拉过网并上台。若想找到这种感觉，需要大量的练习才可以。这是业余球员水平高低的一个分水岭，过不了这一关无法达到高手的境界（指的是反胶球员）。这项技术需要教练帮助练习，主要是让初学者找到摩擦球的感觉。摩擦球的感觉完全不同于正反手攻球时击球的感觉，初学者掌握起来有一定困难，需要重点训练。自己练习时，可以用发球机发下旋球进行接球练习，击球的时机一般在球下降的中后期。

6. 反手拉加转弧圈球

与正手拉加转弧圈球一样，反手拉加转弧圈球也要多体会通过摩擦将球挂起来的感觉。

7. 正手拉前冲弧圈球

正手拉前冲弧圈球的击球时机一般在球的高点期和下降前期，主要应用在不转球或上旋球上。发力方向和拍形等都与正手拉加转弧圈球有很大区别。不过，如果学会了正手拉加转弧圈球，那么正手拉前冲弧圈球就很容易掌握。

8. 反手拉前冲弧圈球

与正手拉前冲弧圈球类似，练习反手拉前冲弧圈球也比较简单。球员应找一个基本功扎实的陪练，比练攻球时退一点台，通过连续拉球找感觉即可。

9. 搓球

搓球是最简单实用的乒乓球技术。之所以最后才练习搓球，是因为在乒乓球技术中，搓球是过渡控制的手段，过多使用只会给对手更多进攻的机会。因此，球员不能养成依赖搓球的习惯，这样做有利于进攻技术的使用，从而能更快提高整体技术水平。

（1）形成不转球的方法。轻碰一下球，接上来球的旋转，托一下球就可以，不要发力，拍形略微有一点包裹球的感觉，拍面和球台的夹角大概 15° 。如果来球有一点侧旋，要向侧旋的反方向发一点力或者倾斜球拍，用来抵消来球的旋转，确保回球是不转球。

（2）形成下旋球的方法。拍形放平，摩擦球的底部，同时利用上步时重心前压的力量，前臂同时向前用力摩擦制造旋转。如果有侧旋，拍面就向反方向倾斜并发力摩擦。

（3）形成上旋球的方法。球拍水平伸进球的底部，同时利用还原的动作收回前臂，摩擦球的底部，方向是向后的，同时拍面向上倾斜，确保与球接触的一刹那球有足够的动能回到对面的球台，同时再加上摩擦，让球的旋转更强。当对手预判失误致使回球弧线过高时，我方就可以进攻了。

球员如果了解了其中的奥秘，就可以直接进攻，哪怕来球的弧线非常低或速度有点快也不要怕，因为这时球员已经掌握了旋转的奥秘。

10. 反手上步找球

就侧身站位与平行站位的选择而言，侧身站位要先把位置让出来，侧着身去找球，通过蹬地转腰可快速完成横向或斜向移动，如果是平行站位，前后移动去找球的速度就会相当慢。因此，在需要主动发力、扩大覆盖范围或衔接正手进攻时，反手找球应优先选择侧身站位。

（1）反手短球。反手拧拉短球时，击球点不要太晚，否则会影响发力效果。重要的是步法到位，并尽量地控制引拍幅度。

（2）反手长球。对于长球可以直接发力冲拉。打球没有绝对意义上的慢，大多是节奏没对上，动作做完了，可以用垫步调整衔接上步，回位可以一步退到位，但是上步很难，常常不能一步上到位。

第二章　中级：乒乓球运动的实战

第一节　实战发球和接发球

一、发球的基本要领

正手发奔球

正手发转与不转球

平击发球的基本要领是：球拍向前下方挥动，击球中部略偏上部位。平击发球是发球的基本技术。

正手发奔球的基本要领是：球拍立起，向前下方快速挥动，击球中部，使第一落点靠近本方球台底线，以便发出长球。

正手发转与不转球的基本要领是：发下旋球时，以腰带臂向前下方挥动球拍，拍面后仰，手腕加力，用球拍下半部偏前的部分摩擦球的中下部；发不转球时，用球拍的上半部撞击球的中下部。

发侧上旋球和侧下旋球的基本要领是：通过摩擦球的侧部，让球产生旋转。在速度上，可以把侧上旋发球当作奔球来用。发侧上旋球时，球拍接触球的刹那，手腕迅速上勾，摩擦球的中部或中下部。发侧下旋球时，集中摩擦球的中下部，球拍由左下方向右中上方摩擦。

二、平击发球的基本要领

平击发球的基本要领如下：站位为身体离球台 40 厘米，两脚开立，略宽于肩；向后上方引拍，拍面略前倾；击球时球拍向前下方挥动，击球中部偏上的位置。

1. 平击发球的好处

（1）可以学会抛球。学好发球，抛球一定要抛得很稳定，并且弧线要控制得很好，但有人掌握不好抛球方法，抛出的球不是离身体远了，就是弧线曲度大了。

（2）可以学会掌控击球时机。当球抛起来以后，在球下落的过程当中，球员应注意对击球时机的掌控。因为要发好球，掌控好击球时机非常重要。

（3）可以学会腰与手配合。练习平击发球，可以学会在发球的过程中腰与手的协调配合。

2. 抛球讲究技巧

把乒乓球放置于非持拍手的手掌心，在抛出的过程当中利用身体的重心往上带动前臂将球抛起来，手腕基本上是不动的。

抛球需要注意的一点就是用力方式，抛球要用身体带动手臂向上抛球。但是很多初学者用手腕抛球，把球捏在手指上，这样抛起来的球会非常不稳，球有可能距离身体太近，也有可能被抛到外面去了。

正确的做法是：非持拍手掌心向上自然托球，手指不去触碰球，不要捏住球，而是把球放在掌心上，让它在掌心上保持不动。如果球滚动了，那么抛球的时候球就不稳。在抛球时，手臂伸直，在发球的时候，非持拍手的手臂和台面是平行的。

3. 发球时的重心

发球的时候，球员应把身体的重心往下压，手臂随之向下压低。在重心压低的时候，膝关节弯曲，往上蹬起来的时候，膝关节往上伸直，重心从低到高，把球带动起来。

初学者开始学习发球时，应先练习抛球。把球抛起来以后，球会上升到高点，在球从高点下落的过程当中，初学者应尝试去击球，找到击球点。此时，不要求抛球动作多么规范，主要是体会球下落过程当中击球的感觉。节奏的掌握很重要，要在球抛起来的过程中顺势地引拍，即用非持拍手在抛球的同时进行引拍，只有熟练掌握这个动作，才能掌握好击球点。

4. 基本的站位

正手平击发球的站位和正手攻球的站位几乎是一样的，不用要求得过于苛刻，只要准备的时候，重心压得足够低就行了。

准备的时候，重心在身体的中间偏右脚的位置，收腹弯腰，重心下压，手臂伸直，准备好进入准备姿势。

正手平击发球虽然看似很简单，但是对击球感、击球节奏的调整能力以及腰与手的协调配合能力的要求是很高的。

5. 线路的变化

当练习一段时间后，平击发球发得比较好的时候，球员就要注意线路的变化，可以发斜线，也可以发直线。

控制发球线路就需要掌控好击球方向，发球线路的控制看似很简单，其实非常考验对发力方向的控制，以及拍形的细微调整。诚然，做不到调整拍形发直线或斜线，就需要对腰和手的用力方向进行调整。拉球、攻球的线路调整，也要用这种方式来调整，关键是要能掌控手上的动作。

不建议用太黏的胶皮去打球，会影响出球速度，用涩性胶皮可能会更好一点。要选用黏性不太强的、弹性好的、重量轻一点的胶皮。底板也尽量不要选太重的，用纯木底板就可以。

三、反手发球的特点

反手发球，可以用反胶发，也可以用长胶发。反手发球的特点是：整体动作顺畅，落点可以发全台；手上有假动作，旋转不易判断；侧上旋球、侧下旋球混合使用。

球拍的角度决定了球的旋转类型。发右侧下旋球时，可以向右下方发力，发右侧上旋球时，手臂向右上方勾一下。触球动作越小，越容易迷惑对手。

反手的上旋发球和下旋发球要配合使用，两者的动作要尽可能地相似，并在触球后做一些假动作来迷惑对手，这样做才能取得较好的效果。

用长胶发球，整体动作与用反胶发球差别不大，只是用长胶发的球都是不转球，长胶不像反胶那么容易制造旋转。在发球时，落点控制及长短控制都要有变化。

反手发球并不复杂，在允许遮挡的时期，因为对手对反手发球的动作看得比较清楚，所以运动员一般都用正手发球。当时，运动员可以用胳膊以及身体遮挡，尽量让对手看不出动作。而现在的无遮挡发球，正手发球的威力已经减弱了很多，反手发球和正手发球的威力已经区别不大，采用哪种方式发球只是个人习惯而已。

想将球发得好，需要日常多练习。球员可以用一盆球不停地发，学会控制落点，控制自身力量制造旋转，练习多了，就会有一定的体会。

四、勾手发球

勾手发球是现代乒乓球运动中颇为常用的发球方式，也是许多优秀运动员取得胜利的“杀手锏”。它的威力在于动作小、摩擦充分、旋转多变，且不易判断旋转方向。

勾手发球相当于反手发球，身体要弯腰屈腿，侧身提肘，拍形内勾，拇指上顶，食指贴住板身，在球下落至球网高度时，前臂向前发力，摩擦球的中下部，发力向前或侧下方。球过网后，大多落在近网区域。

练习勾手发球是一个很重要的技术训练。

五、下蹲式发球

下蹲式发球是一种常见的发球方式，受到许多运动员的喜爱。下面讲述下蹲式发球的方法与技巧。

1. 击球前

左脚稍前，身体略向右偏转，左手掌心托球，置于身体前右侧，左手将球向上抛起，同时做下蹲姿势，右臂上举比肩高，引拍路线最好呈半弧状，手腕外展，拍面略向后仰。

2. 击球时

当球从高点下降至约与球网同高时，前臂加速从左向右前方挥动，手腕同时做内收，击球中部，向右侧上部摩擦，这样发出的是右侧上旋球。如果击球中下部，向右下方摩擦，则可以发出右侧下旋球。

3. 击球后

手臂继续向右前方挥动并迅速还原。球发出后，准备迎接来球。

4. 注意事项

（1）可以用反手发左侧上旋球或左侧下旋球，其发力方向可以根据如上介绍加以调节。

（2）不要在球的上升期击球。尽量将球发至对手正手位短球，或者反手位长球，并调节好击球前的拍形，以增加迷惑性。

（3）身体带动球拍，切削球的边缘。发侧上旋球要往前切削球的中部，发侧下旋球要切削球的中下部，发熟练以后可以带上假动作。

要想发球好，落点、变化和击球速度是最重要的。发球时要用动作迷惑对手，使对手接不好，甚至接不了。旋转不是在每次发球时都那么重要，因为旋转太强了，一旦对手接回来，自己也难以应对。

六、发球技术之诀窍

乒乓球的旋转分为下旋、侧下旋、侧旋、侧上旋、上旋等。

无论是正手发球、反手发球，还是逆旋转发球，明白旋转的原理，才能制造旋转。直板与横板握拍的发球技术基本相同，只是直板握拍时，手腕比横板握拍要灵活一些。

发下旋球的要领是：侧身站位，右手持拍球员既可以左脚在前、右脚在后，又可双脚平行站立；持拍举起，抛球，当球下落至腹部高度时，右手向身体左下方切出，拍形略平，摩擦球的中下部，给球一个向前的力。球会带有下旋，摩擦与撞击需要一个平衡，需要多练习来体会。好的下旋球，第二跳不出台。

发侧下旋球的要领是：准备动作和发力方向与发下旋球的准备动

作和发力方向基本一致，主要是拍形略斜，而发下旋球的拍形略平。发侧下球旋球的拍形稍微倾斜，出来的旋转就不同了。

发侧上旋球与侧下旋球

发侧旋球的要领是：以右手为例，发左侧旋球时，拍面稍后仰，用球拍的右侧中部去摩擦球的右侧，从球的右侧向左侧前方摩擦。发右侧旋球时，拍面稍前倾，从球的左侧向右侧前方摩擦。

发侧上旋球的要领是：发力时，向下切的动作出来后，拍面倾斜，略向上勾，利用上勾的力量摩擦球的中下部，发出侧上旋球。

发上旋球是最基本的发球方式，比赛中，少发上旋球为好，否则容易丢分。

这里要谈一下发球的长短问题。

发长球时，力量较大，主要是要有速度，弧线要长，第一跳离自己越近越好，要落在己方球台端线附近。发短球时，第一跳最好在己方中台位置，力量适中，这样球过网后的弧线相对较短。想要掌握好摩擦力度、方向和角度，需要通过多练习来培养手感。

谈到高质量发球，就要说到假动作的问题。

高手在发球时，会用一定的假动作来迷惑对手。可以说发球是由两个动作组成的。比如，若发球向斜下切，则可以向外捅一下，也可以向下捅一下，还可以向外弧形转一下。两个动作，方向不同，前面是假动作，后面是真动作；也可以前面是真动作，后面是假动作。触球的时间不同，发出的球的旋转也不同。

乒乓球发球技术好，既有可能直接得分，又有可能通过自己的抢攻给对手带来很大的压力。掌握好的发球技术，尤其是结合多种旋转的混合旋转发球技术，赢得比赛会更加容易。

不管是业余球员，还是专业球员，在比赛中都很难发挥出九成以上的竞技水平。影响竞技水平发挥的因素非常多，以下几个关于发球的要点应给予特别关注。

1. 充分重视每次发球

球员应充分重视每一次发球。如果双方是第一次交手，难免互吃发球，“让对手多吃几个发球”是很见功夫的，让对手接不好来球或出现机会球，会让比赛进程顺利得多，经常打比赛的球员对此会更有感触。

还有一句话也是促使球员坚持练习发球的重要动力之一：你能发出多转的球，就能接住多转的球。

2. 掌握全面的发球技术

每一个球员均应尽可能掌握全面的发球技术。球员如果想把侧旋球、侧上旋球、侧下旋球发好，要做到两点：一是动作具有迷惑性，能用发上旋球的动作发出下旋球，用发下旋球的动作发出上旋球；二是所发出的球的旋转强度要超过大多数球员发出的球的旋转强度。

球员想把转与不转球发好，要做到两点：一是动作幅度很小，但发出的球的旋转却极强；二是旋转差异大，转球的旋转很强，不转球一点也不转。

对于初级球员来说，能让对手直接吃发球是最佳结果，能为自己的下一板球创造机会，也可以看作好的发球。在这方面，每个人的审美、天赋、基础各不相同，有人喜欢顺旋转，有人喜欢逆旋转；有人正手强，有人反手厉害。球员要根据自身实际，将“发球”与“第三板”一体化考虑，平时要多琢磨，做到心中有数，日常练习时要明确方向，持续努力。

3. 练就几手发球绝活

（1）练习发球要先“打下根据地”，再“四处开花”。所谓“根据地”，即要有一套拿手的、有质量、能得分的发球技巧。在此基础上，再“四处开花”，即博采众长，广泛学习新的发球套路。

（2）练习发球的合理顺序是：发转球、发长球、发快球。发转球能制约对手，发长球能使对手难以发力，发快球能创造进攻机会以加速得分进程。

（3）练习发球的本质是协调性，即身体与球的协调配合。发球的顺序是：抛球—引拍—待球下降时挥拍—待球落到腰部位置时触球并合力将球击出。就像骑自行车时脚一蹬、车一斜、腿一跨的连贯动作，练发球练的就是这种“恰到好处”的流畅感。

（4）若一直找不到感觉，需要先模仿他人。球员需要反复看高水平球员的发球视频，观察并模仿其动作，当模仿得“如出一辙”的时候，发球水平也提高了。

（5）苦练一阵发球之后，要“若无其事”地多出去打打。如果对手总是接不到球员的发球，那么球员练发球的动力自然就更大了；如果练习的效果不理想，那么球员在继续练习的同时，还要进一步思考问题所在。

某著名教练员说过：“发球不只是练出来的，更是想出来的。”练习发球的阶段没有到拼天赋的阶段，只有用心苦练，仔细思考不足之处并及时改正，才能“发”出一片广阔天地！

七、接发球技术的奥妙

接不好发球，球员在后续回合中会陷入被动局面。因此，每个球员都应该在接发球技术上下功夫，最好做到不吃发球且能有效处理来球。

1. 接发球技术的基本要领

球的旋转，无非上旋、下旋和转、不转几种，以及由此衍生的侧上旋、侧下旋等。此外，就是通过控制发球落点来调整发球位置及弧线长短。球员对于对手不同的发球方式必须有相应的接球方法，否则很容易吃发球。

接上旋球、下旋球，有一些因素需要注意，包括拍形控制、力量控制、接球时机控制等。接发球一定要学会主动地控制球，通过拍形、力量、速度等方面的变化去控制球，以达到自己想要的结果。无论对手发的是什么球，球员都可以通过接发球来控制球的落点、旋转和力量，打乱对手的节奏，达到主动出击的目的。接发球应注意以下几个要点。

（1）重视站位与判断。当发球者在右角用正手发球时，接球者应站在中线偏右处；当发球者正手侧身发球时，接球者应站在中线偏左处。

（2）观察对手发球引拍方向。一般情况下，用力方向与引拍方向相反。如发下旋球时，引拍方向向上；发左侧旋球时，球拍会向右引；发奔球时，球拍会向后引。

（3）根据空中飞行弧线判断。下旋球轨迹弯曲度小，速度慢；上旋球轨迹弯曲度大，速度快，落台后有一定冲力。

（4）根据手感判断。若击球时拍面压力小，并有下坠感，那么此球是下旋球；如前冲力大，球拍顶手，那么此球是上旋球。

（5）看清对手球拍的颜色及型号，以此来判断球拍的性能，也可以作为判断发球的依据。

（6）接侧旋球应注意拍形变化。如对手发左侧旋球，接球者的拍形应偏向对手右侧，反之对手发右侧旋球，接球者的拍形应偏向对手左侧。

2. 接发球技术的原则

（1）看清来球的旋转性质。如何判断性质？要学会盯球。这里有个小窍门，盯住对手触球瞬间的拍形、用力方向和触球位置。掌握了这三方面的情况，基本就能判断清楚来球的旋转性质。这一步很关键，因为如果判断不清旋转性质，很容易吃发球。

（2）找到相应处理方法。如果来球是上旋球，那么可推、可打、可弹、可拨。如果来球是下旋球，可以考虑用搓球过渡，对于台内球也可以考虑用拧拉技术。值得一提的是，虽然很多球员能判断清楚来球的旋转性质，但是依然在接发球时频频失误，这主要是因为其对来球的旋转强度估计不足，比如来球是个旋转很强的下旋球，如果采用拍面后仰角度过大的搓球动作，就很容易导致回球下网。若遇到这种情况，建议通过一两个回合的适应性调整，根据来球的旋转强度调整拍形及发力方向。

（3）能搓出斜线和直线。接发球其实很考验基本功，球员必须熟练掌握搓球技术，会搓转球与不转球，能搓出斜线和直线。

可以这么说，一旦掌握了搓球技术，球员基本能应对 80% 的发球。当然基本的正手攻球和反手推挡、拨球也要掌握。接发球很考验基本功，很多球员接不好发球，主要就是搓球技术和攻打技术没练好。

球员如果在练习接发球时遇到难以解决的问题，可以好好练练搓球或者攻球，过段时间再去练接发球，此时会发现接发球的水平提高了很多。

（4）胆大心细是关键。接发球往往需要反应速度快，判断能力强，心理素质过硬。接发球既要胆大，又要心细，既要出其不意，又要攻其不备，这样才能达到非常好的接发球效果。

发球变化虽多，但也是万变不离其宗，掌握好动作要领，坦然面对就可以。当然，说起来容易，做到就非常难了，要经过千锤百炼，要经历无数次的实践方可成功。一种接发球的方式失败了，要立即尝试其他方法，务必做到迅速果断，切忌犹豫不决，模棱两可或优柔寡断。

若想练好接发球技术，下功夫训练是关键。练，一定会有非常明显的进步。球员应去跟更多的人交手，每个人的发球动作、习惯、风格都不同，产生的效果也不同。球员多与不同的人打球，会有一些不同的感受和认识，接发球技术也会不断进步。

八、接左侧旋球的秘诀

球员在接对手发的左侧旋球时要注意，来球会往反手位转弯，此时，球员要避免站位过近。如果用正手去接，那么这个球转弯以后，球员会很难应对。当来球侧拐的弧线比较大时，球员一定要迎前去拉，注意把身体侧开，如果反应速度不够快，就很容易被追身，因此，球员要往左侧侧身，同时身体重心前压，完成抢拉。

球员在反手接球时，注意不要去接触球的左侧面，否则很容易吃球的侧旋，导致球向右侧出界，接球的时候尽量去击球的中部或者是中部偏右的地方，这样可以避开球的侧拐弧线。

反手拉球的时候，球员也要注意将重心前移，要往前挥拍，要向前去迎着。如果球没有得到往前的冲击力，球员就借不到球的反弹力，可能会感觉拉漏，或者用不上力。

第二节　实战攻防

一、正手攻球的细节

直拍正手攻球应注意以下问题。

1. 引拍

球员判断好来球的路线后，应略降低身体重心，将重心转换到右脚前脚掌上，以自然转腰沉肩来带动上臂完成引拍，引拍幅度小于正手拉弧圈球的幅度，只引到身体右前方。

2. 挥拍

引拍结束后，右脚稍微发力蹬地，转腰带动上臂向前上方挥拍，同时跟着收前臂。球拍挥到自己左额前方时挥拍结束。

3. 还原

当球拍挥到自己左额前方时，全身放松（包括手指、手腕），身体重心开始降低，通过转腰来带动手臂还原，这样做的还原速度更快。

4. 发力程度

正手攻球主要练习手感和基本动作，不宜发力过大，应该更注重动作的连续性和节奏。要注意在挥拍时，肌肉相对发力，在引拍与还原阶段，肌肉应当相对放松。

5. 击球时机

球运动到自己身体的右前方时是最好的击球时机，球与球拍的接触点尽可能在球拍的板头位置，这样击球的力量更大。

6. 线路控制

首先要练习击打斜线。掌握正手攻球基本要领之后，再开始练习击出不同线路的技巧。

7. 摩擦与击打的练习

攻球主要以击打为主，但并非完全没有摩擦。球员在练习攻球时也不宜过多使用摩擦，应当先体会规范的动作，熟练掌握攻球技术之后再练习拉弧圈球技术，体会摩擦的感觉。

二、正手攻球常见问题

正手攻球是乒乓球的基本技术，诸多球员在使用正手攻球技术时，容易遇到以下问题。

1. 站位问题

这是最常见，也是最容易被忽视的问题之一。典型的表现是：双脚站位过于平行，身体重心偏高，站位太偏左或者太偏右，站位距离球台端线太近或者太远，双脚间距过大或者过小等。

（1）双脚站位过于平行。这种站位会产生很多问题，例如，容易被来球追身，不好闪躲。因为闪躲球的方式，一方面是靠脚步移动，另一方面是靠腰部的旋转。如果双脚在同一水平线上，做转腰的动作是很别扭的。而且，双脚站位过于平行，对于正手发力、反手发力都是不利的。一般情况下，接发球准备阶段都是正手利的站位（为了保护反手位）。用正手的时候，是正手利的站位，用反手的时候是反手利的站位。那么，什么是正手利，什么是反手利？假如是右手持拍，那么正手利站位就是左脚略微在前，左脚比右脚靠前半个脚掌左右；如果是右手持拍，那么反手利站位就是右脚略微在前，右脚比左脚靠前半个脚掌左右。

（2）身体重心偏高。不管是在准备环节还是在比赛过程中，身体总是压不下去，这就会导致够着打球，难以控制球的弧线，无法准确判断球的旋转性质和强度。上了乒乓球场，球员应该尝试将重心压低，这样才能提升击球的稳定性和判断精准度。

（3）站位太偏左或者太偏右。一般来说，在接发球环节，球员通常会选择正手利的站位方式，站在偏反手的位置保护反手，同时随时准备用正手进攻。但是，如果太偏反手位站位，就会造成正手位空档过大，给对手创造偷袭球员的正手位或者压制反手的机会。站位太偏反手的情况下，对手在击球时候的思路有如下两个。第一个思路是直接去偷袭正手位。如果球员能通过交叉步将球救回来，对手又可以有两个选择。其一是重复落点，这时候如果球员的重心不稳定，回球质量不高，就会陷入被动防守的恶性循环中；其二是直接压反手，这就是经典的调正手压回反手的战术。当然，球员可以选择在扑正手的时候拉直线打向对手的反手位或者中路追身，但是在极限跑动中拉直线，难度可想而知。第二个思路是压制反手位。对手可以直接给球员发反手位大角度球，无论球员是否侧身，对手都有两个选择。其一是加大角度压反手，其二是直接回击正手位大角度球。站位太偏反手的后果就是从一开始就在线路和落点上落了下风，球员将陷入到对手的调动中，需要不断地奔跑，这是“兵家大忌”！

（4）站位距离球台端线太近或者太远。有些球员很少注意站位与球台端线的距离，这又是一个问题。站位太近，对手发长球或者打追身球，球员则很难闪身接球；站位太远，对手发一板短球，球员则很难及时上前接球。所以说，在接发球的时候，站位需要适中，向前可进，向后可退；在比赛过程中，应该根据实际情况，进行前后左右的移动，争取找到最佳击球点。

（5）双脚间距过大或者过小。双脚间距过大，会造成重心压得太低，同时膝关节的压力也很大，而且不便于步伐的移动；双脚间距过小，会造成重心压不下去，影响发力。

2. 握拍问题

（1）握拍方式问题。常见的握拍方式就是直拍握法和横拍握法，其实还有多种握法，但不是主流打法。不管是直拍握法还是横拍握法，都可以分为深握和浅握。当然也有正手利和反手利的区别，这是根据自己的打法进行调整的。但一些常见的问题是需要避免的，比如，抓拍太紧或者太松、掉拍、手指位置不对（顶不住拍）等。

有的球员握拍时过于用力，甚至把手指磨出血（食指是重灾区）；有的球员握拍过松，导致击球时球拍险些脱手。其实，正确的握拍方式应讲究张弛有度：击球的时候集中发力，击球动作完成的时候放松，只有学会放松，才能更好地发力。

（2）球拍角度问题。在练习正手攻球的技术时，因为还不怎么接触到旋转，所以拍形应该压着点。有的球员在接不转球或者带点上旋的来球时将拍面后仰，这样做会让自己很被动。

3. 击球发力问题

（1）没有引拍到位。很多球员在练习正手攻球的时候，没有引拍的意识和动作，这样会造成有效击球距离过短、合力不好、用不上身体力量等问题。为什么要引拍，其目的有如下两点。

第一，创造蓄力空间，用上身体的力量，以便更好地形成合力。正手攻球需要正手利的站位，也就是左脚领先右脚半个脚掌左右。某种意义上来说，正手利的站位和正手攻球要引拍都有一个共同的目的，那就是创造蓄力空间。引拍其实就是在站位、重心转换的前提下，在准备击球的时候，身体向右后方旋转一定的角度，右腿略微弯曲，将重心落在右脚的前脚掌，双脚的脚后跟最好能抬起来一些。然后，当球到达本方台面之后，选择合适的击球时机，右脚向后蹬地，带动腰、髋、胯向左前方旋转，往前顶胯，然后带动前臂、手腕和手指发力。蹬地转腰（顶胯）收前臂，是乒乓球发力的关键。注意，力从地起。

第二，创造更长的有效发力距离。如果没有引拍动作，直接迎前击球，会有两个不利的后果。其一是球拍到球需要一定的距离，这是为了形成加力、速度和旋转的，可以称为有效发力距离或者路径。如果没有引拍，直接进行正手攻球，那有效发力距离是很短的，远远短于引拍产生的有效发力距离，并且还少了一个蓄力的过程，最终导致击球力量与球的旋转质量下降。其二是如果对手来球有一定力量，即来球有向前的冲力，如果不等这个冲力小了一些就直接迎前击球，球员就需要先主动发力去抵消来球的惯性冲击，然后才能给球施加向前的力量。这时候就会出现这种情况：虽然球员觉得自己发力充分，但是回球却没有力量。

（2）没有迅速还原。这是一个很多球员都存在的问题，其原因在于没有整体规划、没有衔接意识。打乒乓球，尤其是比赛的时候，球员一定要有全局意识和衔接意识。哪怕单板击球质量很高，完成击球动作之后也要立即还原，要认为对手能够很快地击回来球，要准备好下一板的衔接。甚至有时候，单板质量高是一把双刃剑。单板质量高，要么是爆发力好，要么是手上感觉好，要么就是球员在单板上进行了专项强化训练。而且，如果对手会借力、借旋转，其回球的速度会很快，回球质量也很高，这也要求球员能更快地还原。所以说，不管是用什么技术，都要做到板板之间衔接流畅，每一板球都有还原，用好小碎步，形成良好的还原习惯，从而使进攻的连续性大大增强。

（3）对摩擦和撞击理解不到位。乒乓球什么最难？一是“球商”，即对乒乓球的理解与境界；二是旋转，即乒乓球的旋转太复杂。在正手攻球方面，旋转的核心之一是摩擦和撞击。很多球员不知道什么时候应该摩擦多一些，什么时候应该撞击多一些。在打基础的阶段，应该先将撞击练好，到了比赛的时候根据实际情况去选择，如果机会不太好，可以通过加摩擦、加保险，保证球的上台率。

（4）击球时机选择不当。不同的来球，或者说球员想打出什么样的球，要求的击球时机也不同。很多球员对于击球时机没有概念。一般用到的击球时机有：上升初期、上升中期、上升后期、高点期、下降前期、下降中期及下降后期。很多球员在正手攻球的时候太着急，也就是抢点打，其实完全没必要，因为太着急，有可能会打空，也可能会失误。当然，有击球太早的，就有击球太晚的，球都到了下降期，那就别正手攻球了，最好直接拉。所以说，如果是正手攻球，建议在上升后期或者高点期出手。

（5）击球部位和击球点选择不当。选择击球部位要考虑到不同的技术动作对于击球部位的要求是不一样的。正手攻球的时候，尽可能地选择靠近拍头的位置来击球，撞击球的中部或者中上部。击球点的选择要考虑人、球、球拍三者构成的最佳出手时机。有一个经典的乒乓击球三角形理论是，人、球、球拍三者构成的空间位置关系决定击球质量。建议的击球位置是，球反弹到腹部前方约一肘远的距离，并且和球网同高的时候。

（6）肘部使用不当，如抬肘、夹肘、拖肘。一些球员击球时会出现抬肘、翻手腕的动作，想要通过向外抬肘去压球的弧线。但是，球的弧线是要靠整个身体控制的，不是单纯靠肘部控制。抬肘会造成击球的稳定性下降，球的命中率得不到保障，使球很容易下网。另外，击球时夹肘，也就是夹上臂，会造成正手发力不畅，击球的质量不高。击球时拖肘是指肘部拉得太靠后了。

（7）手臂僵硬，如上臂与前臂的夹角僵硬、直臂、只摆前臂。表现为前臂不够灵活、直臂击球等。有的球员为了保持上臂和前臂的夹角稳定，容易把动作做得很僵硬，其实完全没有必要刻意保持夹角，上臂和前臂的夹角保持在一个合理的范围内就好。而所谓直臂击球，也就是不会收前臂。用胳膊抡球拍，这是非常普遍的问题。归根到底，是没有理解乒乓球的发力机制。

（8）控制不好手腕的力量。控制好手腕的力量是乒乓球击球质量的加成环节，比如，控制好手腕的力量可以让球的旋转更强，假动作更加逼真。但是，如果控制不好手腕的力量，就会降低击球的命中率。球员常见的手腕问题是握拍掉手腕（尤其是直板）和握拍翘手腕（尤其是横板），这是握拍方式不正确导致的。再比如，击球时手腕内旋或者外展没有规律，造成击球不稳定。如果在打基础的阶段，球员可以考虑先不用手腕加成，将手腕稳定好，等击球的稳定性有了提高再考虑手腕的力量怎么控制。

（9）挥拍路线掌控不好。一是在正手攻球的环节，很多球员不敢迎前，不敢向下方发力，怕球下网，很多时候都是向上的力量太大，球是被挂起来的，没有前冲的力量。正确的方法是：若进攻机会很好，要向前下方发力；若球有一定下旋，要向前上方发力，主要是向前发力。二是分不清直线和斜线的挥拍路线。斜线包括外斜线、内斜线。如果是内斜线，比如双方用右手在正手位进行正手对攻，这时候要把动作做全，手臂要挥到左半边去；如果是直线，动作不宜太大，稍微有一点撇着的感觉；如果是外斜线，比如双方在反手位用正手对拉，那就要撇着拉，有时候甚至需要用滑板技术。

（10）举拍过高。很多球员举拍和引拍的动作幅度都很大，这是没有理解发力机制的表现。真正好的发力方式，不在于动作幅度有多大，而在于动作是否合理，而且幅度过大的动作还原也费劲。比赛中是有可能出现举拍过头顶的情况，但是在练习中要避免出现这种情况。

（11）移动脚步慢。大多数业余球员不重视步法的训练，将精力都集中在手法的训练上。但是其实步法才是关键，只有先移动到舒服的位置，才能打出高质量的球来。所以说，“乒乓球是用脚在打的”。

三、进攻技术的发挥

想要赢得比赛，球员不能仅依靠对手的失误，更要通过主动进攻来争取胜利。因此，乒乓球运动中的进攻技术至关重要。有以下关键技术需要掌握。

1. 攻球

（1）正手攻球：向前上方挥拍，引拍动作不要太大，注意腰的转动，击球点在身体的侧前方。

（2）反手攻球：将球拍向后引至腹前，在转体的同时沉右肩，球拍与手臂基本保持在一条直线上，肘关节和右肩略向前顶，球拍略前倾，向前上方挥拍，击球点在体侧前方，转腰时重心转至右脚，击球时手腕发力。

正手攻球　　　　反手攻球

2. 推挡

推挡的站位近、动作小、速度快、落点变化多。

（1）挡球：在来球的上升期，以接近垂直的拍形推击球的中部，只以前臂和手腕轻轻用力，主要借来球的反弹力，将球挡回。

推挡技术

（2）快推：球速快、动作小、落点活。在来球的上升期，以稍前倾的拍形推击球的中上部，在球拍击球瞬间，前臂和手腕自然向前、向上发力，快速击回。

（3）加力推：在球的上升期，击球中上部，上臂、前臂和手腕向前下方发力推压，腰和髋同时用力。

（4）减力挡：力量轻，动作幅度小。击球瞬间，前臂和手腕轻轻后移，使球轻轻飞回去。

（5）推下旋：在来球上升期击球，击球瞬间，上臂、前臂和手腕发力，使球拍向前下方摩擦球。此动作会使对手难以借力，很有攻击性。

3. 直拍横打攻球

直拍横打攻球是快攻型打法的一种，指直拍球员使用球拍反面的覆盖物击球。这项技术增强了反手位的攻击力。这项技术要求球拍反面贴反胶，使球拍正反面均可击球。其技术包括：平挡、快拨、快带、快撕、挑打、弹击、拉球、反拉等。握拍时应注意，拇指要往里握得深一些，适度用力压拍，球拍背后的三指应略微伸开些。此种打法，攻击有突然性，拓宽了快攻打法的球路。

4. 搓球

搓球是回击下旋球的一种稳健技术，回球速度快，球的线路短、弧线低。球拍向前下方挥动，用球拍的下半部摩擦球的中下部，触球时，前臂和手腕适当用力，拇指用力明显。慢搓时，在球的下降期击球；快搓时，在球的上升期击球。摆短也是搓球的一种打法。触球时，手腕适当减力，动作较小，控制球落在对手半台的近网处。

搓球技术

5. 正手弧圈球

这是最具威力的进攻技术。以右脚为轴，腰部带动上臂向左转动，与此同时，迅速收缩前臂，前臂向前左上方挥动，拍形前倾，摩擦来球的中上部。在爆冲弧圈球时，应在球的高点期或上升期击球。

6. 弹击技术

弹击技术的速度快，突然性强。在来球的高点期，以肘关节为轴，通过前臂和手腕的弹击力量击球的中部。

弹击技术

四、完善各种技术

想要在乒乓球实战中不断增强实力，获得成功，球员应特别注意以下几点。

1. 抓住四个要素，完善自身水平

虽然乒乓球有各种各样的打法，还有多种战术，但所有的乒乓球技术离不开四个基本要素，即力量、速度、旋转和落点。

力量是通过球的前进速度和旋转强度表现出来的。如果想在进攻中猛力扣杀，使对手接不好球，球员就要打得有力量。若需提升旋转强度，无论是制造上旋还是下旋，必须强化击球时的摩擦作用。

为了尽量减少对手的准备时间，球员必须抓紧时间，争取在最短的时间内把球回击到对手的台面上，使对手措手不及，这就是速度。

为了增加对手还击的难度，球员还可以制造各种旋转球，迫使对手回球失误或回出机会球，这就是旋转。

乒乓球台面积不大，要使自己打过去的球更具威力，必须调动对手前后左右地移动或奔跑。因此，需要讲究落点。

2. 注意规则，提前布局

注意发球动作要符合规则。发球动作由两部分组成：一只手做上抛动作，上抛高度不小于 16 厘米，上抛动作要在球台端线外、高于台面且需垂直上抛；另一只手做挥拍动作，要高于台面，并且要使裁判和对手都能看清动作。

注意发球的针对性。发球前，应尽可能地了解对手的基本情况和特点。基本情况主要有：是直拍还是横拍，是左手持拍还是右手持拍，

是亚洲球员还是欧美球员，是生胶还是半长胶，是反胶还是正胶，是近台快攻打法还是削攻打法。对上述情况，要做到心中有数。如果有条件，最好通过热身、录像、报道等，了解对手的特长，了解对手发球、击球、落点规律和移动规律。

注意发球直接得分。通过学习研究各种螺旋发球，练就最拿手的发球方式，如练发擦边球、回头球、近网边线球。在开局，利用发球直接得分。在开局和中局，争取主动，把比分拉开。

注意发球为抢攻做准备。总体上来说，发球为抢攻做准备的宗旨就是用各种方法提高发球的质量，增加对手接球的难度，使对手回球质量不高，从而为抢攻创造条件。

3. 弥补直拍反手的先天缺陷

许多球员为弥补直拍反手的缺陷付出了大量的精力，进行了无数次的实践，取得了显著的成果。早期在常规推挡中加入了加力推、减力推、推挤、推下旋等，后来增加了强行侧身、抢先上手、全台正手攻，再后来又增加了直拍横打，直拍、横拍两面攻打法等。经历了一次次大赛的历练，实践证明，直拍球员的反手技术既要全又要精。

所谓全，就是要做到人无我有；所谓精，就是要做到人有我优。全面就要做到近台能推、能反面拱、能敲击，中台能反手攻，远台能横拉相持或反手兜，迫不得已时可削球过渡。

直拍正胶球员可以在反手采取近台的推挡结合反面拱、敲击技术。在中台时，对于角度不大的球，反手要能攻两条线，尤其是反手滑板攻直线到对手正手位，打过去的球弧度大且拐弯，而且球势大力沉，着台后往下扎，对手不易借上力。反手要过渡一板时，加转弧圈球很有效。在中远台时，进行扑正手后回反手位，可用横拉或快撕技术，力争主动，变被动防守为主动防守。正胶的反手技术应以反手攻、敲击为主，辅以横拉，力争以速度压制对手。

直拍反胶球员要注重自身的力量素质训练，以便能使出推土机式的“魔鬼推挡”，还要在动作中适当加入弹击动作，以加强推挡的力量。近台要以暴风骤雨式的推挡逼住对手，使对手没有充足的引拍时间，中近台角度不大的情况下，要采用反手快弹突击，中远台要能用横拉进行相持，甚至强相持。

反胶球员一定要掌握反手兜的技术，因为兜上的球带有上旋，上台后会向前冲，不易发力打，一旦对手回球的质量不高，由守转攻的机会就来了。总而言之，直拍反胶球员应以横拉为主，辅以反手攻、敲击，充分利用反胶的稳健来制造旋转。

横拍球员对阵直拍球员时，主要还是要在直拍的反手上做文章，无论调右压左还是调左压右，都是看准了直拍打法的反手发力受限、相持能力弱、威胁性不大的弱点。直拍球员如果能做到反手技术全面、特点突出，就不怕对手攻反手。直拍球员如果能在此基础上充分发挥直拍技术原有的灵活、快速、多变的特点，就足以同横拍球员抗衡。

4. 提高正手拉球的力量

（1）增加拉球的动作幅度。因为乒乓球的球速较快，所以以前不提倡动作幅度较大的拉球动作，把前臂和上臂的角度打开即可。但在目前，只做到这样是不够的，肩关节要适当打开，以增加拉球的动作幅度。同时，手尽可能抬高，为向前发力创造条件，使球产生较大的向前的冲力。

（2）摩擦球不宜过“薄”。旋转能够提高拉球的准确性，但会影响球向前的平动速度。在同一板击球中，旋转和速度是一个矛盾统一体。为防止摩擦过“薄”，击球部位不要太靠上，可以击球的中部，拍形要竖直，拍面前倾不要过大，同时避免过多接触球的侧面。这样会使摩擦“厚”一些。

（3）腰部收紧。腰部是完成上肢和下肢动作传递的枢纽。合理的腰部动作会使动作协调、发力集中。在拉球的过程中，腰部要绷住，在垂直轴上的转动不宜过大，以防分散向前的力量。

（4）肘部做外侧半圆形运动。抬肘和夹臂是拉球中常犯的错误。拉球时，肘部随手臂一起做外侧的小幅度的弧线运动，有利于击球中的发力，使发力更集中。

（5）重心要高。在保持平稳运动的前提下，尽可能抬高重心，千万不要蹲下去，形成坐着拉球，这样会使球缺少向前的动力。

五、正手台内挑打技术

1. 引拍

处理台内球时，球员应保持正确的身体姿势。正手挑打时，右脚上步，插入到台内，以确保在击球时身体与来球足够近。当来球快越过网时便开始引拍，引拍时要降低身体重心，前臂带动手腕，使球拍插入到来球下方，以保证当球弹跳到最高点时引拍动作已经完成。引拍要保证球和球拍有足够的距离，否则容易被来球顶住，从而无法发力。

2. 挥拍、击球

在球到达高点后，开始挥拍击球，引拍高度应适当低于来球。靠前臂带动手腕进行发力。通过蹬地把自己的重心推向前上方，便于身体辅助手臂发力。挥拍角度视来球的旋转而定，一般来球下旋越强，拍面越立，并收前臂配合完成对球的摩擦，以制造球过网需要的弧线。

3. 还原

挑打技术是一项以撞击为主的台内技术，需要调整脚下位置到近台，将身体重心向前上方移动来辅助发力。发力越大，身体越靠近球台，脚下调整空间越小，重心越高，所需要的还原时间越长。因此，挑打需要根据来球的弧线、位置、高度等因素，采用不同的拍形、力量来处理。对于有把握的来球可适当发力，没有足够机会一招制敌时，可通过减小挥拍幅度、降低身体重心、提高击球后脚下移动速度，来提高还原速度，确保之后的动作衔接得快速与流畅。

4. 质量

要想提高挑打质量，需要上步快，身体迅速到位，使上身与手臂快速进入台内并引拍击球，保证击球速度快，节奏紧凑，令对手猝不及防。要有足够的引拍空间发挥出手臂的力量，通过腿部发力来辅助身体用力。高质量的挑打，除了注意力量，还应当注意球的落点，在力量不足的情况下，通过高质量的落点，来加大对手防守的难度。

六、弧圈球拉球技术

弧圈球是怎么拉出来的？要理解好、学习好、掌握好拉弧圈球“包”住球的方法。

1. 拉弧圈球的动作要领

站位：左脚在前，右脚在后，两脚开立，略宽于肩，微下蹲。

引拍：右手持拍，将球拍引至右膝外侧，重心移至右脚。

前冲弧圈球

击球：右脚蹬地，腰向左上方转动，同时身体上挺，以腰带动肩，继而带动上臂，再带动前臂，最后带动手，由右下方向左前上方挥臂，击球后右手快速向头前上方收缩，重心移至左脚。

击球点与摩擦：击球时机在球上升末期与最高点之间。击球前拍形垂直，击球的中后部。球拍触球瞬间，手腕向前上方抖动，由球的中后部先向上再向前上方弧形摩擦球，然后将球击出。

2. 要先撞击后摩擦

如果没有撞击，球就不会向前运动。拉弧圈球也是如此，不向前撞击球，只有单纯的摩擦，球是无法飞过球网的。

撞击的另一个目的，是让球通过与球拍的撞击，通过海绵的凹陷让球拍“吃”住球，这样才能让球拍与球之间有更大的摩擦面积，产生强烈的旋转。所以，拉弧圈球要先撞击后摩擦。

3. 球拍向前微转并“包”住球

“包”住球，其实还是“吃”住球。

拉弧圈球要先撞击，让球拍“吃”住球后，再对球进行摩擦。

“包”住球的过程，是先使拍形垂直，使球拍通过撞击先“吃”住球，然后手腕开始向上抖动，摩擦球的后部。摩擦球时，拍形由垂直再到稍前倾，通过手腕的细微动作让球拍有个小的转动。

这样，球拍“吃”住球后，边摩擦球边转动，如同从球后部到球后稍上部位有一个小弧形把球“包”住，不让球跑掉一样。“包”住球能让球拍与球的摩擦距离和摩擦面积增加，产生的旋转力更强。

综上所述，要学好乒乓球的主流技术——拉弧圈球，要做到如下几点。第一，要掌握拉弧圈球的标准动作，知道拉弧圈球的发力原理。第二，拉弧圈球时要敢于有撞击球的动作，先撞击后摩擦才能“吃”住球。第三，拉弧圈球时，注意手腕上的细微动作，边摩擦球，边向前稍微转动拍形，将拍面由垂直逐步转为稍前倾，这样就可以“包”住球了。

加转弧圈球主要应对下旋球、接发球或者应对劈长球。速度、落点可以由自己随意控制。从高水平运动员的比赛可以看到，高标准的加转弧圈球的过网弧线低，落台力量大。

加转弧圈球

为什么初学者在拉加转弧圈球时难以发力，拉的弧线比较高呢？这就需要谈到动作结构问题。想要拉低弧线、有力量的加转弧圈球，重心要放低。拉加转弧圈球，重心低是很重要的。重心高时，触球点比较高，发力距离比较短，触球后动作幅度比较大。想有力量，必须拉大发力距离。有的球员对着球盲目发力，球速却未得到有效提升。若回球过网高，对手可以直接推或者挡球，球员就被动了。正确的做法是，将重心放低，等球下降，降低击球点，流出一个合理的发力距离，这样容易发力。拉完球后，重心不用起伏很大，手臂快速还原，便于衔接后续进攻。加转弧圈球可以发力拉，也可以用很小的力量迷惑对手。

练习弧圈球时，常见的问题是漏球，主要问题是过度压板。球员需要立一下球拍，手上力量不需要很大，先保证低弧线过网，练习熟练后可以再加力。

高标准的加转弧圈球，弧线低，使对手不易发力。打好第一板加转弧圈球后，对手的压力会很大，回球质量也容易不高，便于自己连续进攻。因此，想要战胜对手，应从第一板加转弧圈球做起。

七、削球技术

削球是一种防御性技术，具有稳健性和积极性两大特点。削球通常在球的下降期使用，因为此时球速与旋转已经减弱，所以有比较充分的准备时间来保证削球的准确性与稳定性。削球通过旋转与落点变化来控制与调动对手，便于以柔克刚，掌握主动权。

1. 正手远削球

击球前，球员在离台约 1.5 米处站立，左脚稍前，上体稍向右转，重心落在右脚上，击球手臂自然弯曲，球拍向右上方引至肩高；击球时，手臂向左前下方挥动，拍面后仰，触球瞬间，前臂加速削击球的中下部，手腕向下辅助发力；击球后，球拍顺势前进，重心移至左脚。

2. 反手远削球

击球前，右脚稍前，上体左转，重心在左脚，手臂自然弯曲，球拍向左上方引至肩高，拍柄朝下；击球时，手臂向前下方挥动，拍面稍后仰，触球瞬间，前臂和手腕加速削击球的中下部；击球后，上体向右转，球拍随势挥至身体右侧，重心移至右脚。

3. 近削球

近削球在应对普通的轻拉球及上旋球时可用。该动作的幅度小，回球速度快，前进力量强。方法是：离球台较近，触球时前臂用力向左前下方挥击，手腕主动下压，在来球的上升后期或高点期击球。注意引拍高度要比肩高，根据来球调节拍面后仰角度，击球后没有前送的动作。

八、球技核心防守战

有人说："进攻，是最好的防守。"实际比赛中却不可能板板进攻，总有防守的时候。所以，学习防守、强化防守，很有必要。

1. 为什么防守难练

为什么防守难练，原因有很多。

（1）没有防守的意识。单纯进攻，没有防守，一防守，就失分，迫使球员在被动局面下“疯狂进攻”，继而造成许多无谓的失误。而高手比赛的方式是：偶尔进攻，择机防守，不行就过渡，自主掌控攻防节奏。

（2）日常不练防守。正手攻球可连续练习一个小时以上，对手打过来几个难以招架的球，就产生抵触情绪。

（3）防守不好练。同样是防守弧圈球，有的球员一挡球就飞，压都压不住；有的球员一挡，高度正合适；有的球员使劲发力一挡，虽然动作幅度挺大，但球依然下网。

面对不同的对手，球员在防守时需要对战术进行有针对性的调整，不能一成不变。

2. 怎么练防守

（1）多种防守技术组合练习。最经典、最实用的套路是：对手发下旋球就搓回去，对手发不转球就防一板，待形成上旋相持后接着防守。别看套路简单，里面包含了下旋转上旋的旋转变化和慢与快的节奏变化，慢慢可以从定点扩展到不定点，这样又增加了落点变化，这样的防守练习才是“活的”和有价值的。

（2）跟不同对手练习。不同的人即使用同样的技术，给人的感觉也差异很大。多跟不同的人练习，球员的适应能力、调整能力会越来越综合、全面、扎实。

（3）跟进攻能力强的对手练习。道理很简单——用降维打击迫使自己进步。如果能挡住高手的进攻，那么在面对中等水平的对手的进攻时，自然而然会有轻松感。

（4）多练平挡技术。别觉得平挡“初级”，用好了，一样赢球。找恰当的击球点，迎前挡，回球的质量和威胁性也可以非常高。

九、提高球技稳定性

不少球员发现，自己的乒乓球技术水平波动明显。为什么会出现此现象？最根本的原因是这些球员的技术稳定性不足。想要提高技术稳定性，应该从以下几个方面入手。

1. 基本功要熟练

基本功训练不等同于站着不动，只打正反手。比赛中的基本功是综合技术的体现，比如对手搓的下旋球，球员想拉起来就会用到拉加转弧圈球技术，对手再防回来，这时球员就应该运用拉前冲弧圈球技术，因为此时再拉加转弧圈球，肯定会出界。

球员在掌握单项技术后，要结合实战将几项技术结合在一起成套练习。最基本的就是搓一板（搓球）、起下旋（拉加转弧圈球）、攻上旋（拉前冲弧圈球）、变线（拉不同落点），这个套路练习熟练是很有效的。

2. 重视搓球

在业余乒乓球比赛中，搓球是很有效的控制手段，甚至是得分手段。原因是业余球员进攻的质量不高，很难给对手造成威胁。所以业余球员要先练好搓球。若在比赛中遇到“铁搓类”的对手时不要慌，先耐心搓球，再寻找机会进攻。

3. 心态要平和

在乒乓球比赛中，一定要做到在战略上蔑视对手，战术上重视对手，认真对待每一个球，全身心投入到比赛中去，比分领先时不骄傲，比分落后时不气馁。只有这样，才能充分发挥出平时训练的水平，最大限度地打好比赛。

只要做好以上三个方面，球员在比赛中的稳定性和上手能力就会得到提高。

第三章　高级：乒乓球运动的技战术精要

成为乒乓球运动的高手，是绝大多数球员的梦想。要想在乒乓球运动中不断进步，球员应具有非常强的战术意识和高超的技术水平。

第一节　乒乓球运动的技术精要

一、旋转与速度

乒乓球的旋转与速度会在行进阶段中发生改变，球员在处理球时一定要增强意识，仔细推敲。

1. 击球阶段

由于乒乓球受到球拍在拍面的垂直方向和切线方向的作用力，乒乓球在拍面的垂直方向和切线方向会产生加速度，在球离拍后，球拍对乒乓球的作用力消失，乒乓球的前进速度和旋转速度此时就已经确定下来了。在没有受到外力的作用下，乒乓球的行进速度和转速都是不变的。

当受到外力的作用时，乒乓球的运行状态会发生改变。也就是说，乒乓球离拍的一瞬间，其前进速度和旋转速度的值最大，即此时球速最快、最转。这时的乒乓球就像从枪膛中射出的子弹，在前行的同时高速自转。要充分认识这一特点，球员才不至于发生判断错误。

球的第一个行进阶段，是指乒乓球从离拍后至落到对手台面上的飞行过程。乒乓球在这一过程中只受到空气阻力的影响，空气阻力与乒乓球行进的速度和行进长度成正比，随着前行距离的增加，球速逐渐降低。因为空气对乒乓球自转产生的阻力很小，所以乒乓球的转速受空气阻力的影响很小，在行进的有限距离内，转速几乎不变，就像高速旋转的陀螺的转速受空气阻力的影响很小一样。

球的第二个行进阶段（即二跳），是指乒乓球从对手台面上弹起至被对手击打或落地前的飞行过程。由于乒乓球从对手台面上弹起，乒乓球与球台发生碰撞，此时会发生两种作用：一种是单纯的撞击产生的能量的传递与损耗，另一种是由于乒乓球自身的强烈旋转与台面摩擦产生的摩擦力。其摩擦力与乒乓球的转速和球与台面之间的摩擦系数有关。

由于摩擦力的作用，乒乓球的旋转降低了，球的前行速度增强（上旋球）或减弱（下旋球）了。根据冲量定理，球速变化多少与球受到的冲量大小成正比，也就是说与摩擦力的大小和作用时间的长短成正比。此时乒乓球的旋转略有降低，上旋球的球速增加了，下旋球的球速降低了。

2. 如何应对

通过以上分析可知，乒乓球在对手台面弹起后，只受到重力和空气阻力的影响，随着行进距离的增加，球速迅速降低，而球的转速几乎不受影响。这一点在实战中反映得很明显。对于弧圈球来说，迎前一点击球，由于球速较快，接球就比较困难，退后一点击球，由于球速已有所降低，接球就比较容易。

二、发出拐弯的球

所谓拐弯的球，就是球落到球台后会有一个拐弯，其实这个拐弯就是由球的旋转所致。这种拐弯不是下旋、上旋造成的，而是由右侧旋或者左侧旋造成的。

上旋和下旋的旋转轴平行于球台，所以这两种旋转都不会产生拐弯的效果。只有旋转轴垂直于球台的右侧旋和左侧旋，才能在由旋转引发的空气压强差及球触台后与台面的摩擦力的共同作用下，使球产生拐弯的效果。

超级下旋球有一个摩擦底部的动作，并且产生了一点右侧旋，导致了球有少许的拐弯。

这个说起来简单，其实球员在发球的时候会发现，发出拐弯的球不是那么容易的。要点就在于摩擦球的下部（而不是后部），这样球很难获得一个向前的力，所以需要一个较强的初速度，高抛发球的好处就在于此。

三、反手弹击

反手弹击，也叫反手敲或者敲接，是对付半高球和高吊弧圈球的一种好办法，是反手常用的技术之一。弹击的球，好像弹丸离弓，突然且快速，令对手猝不及防，往往可以直接得分。

反手弹击的动作方法同快拨类似，但拍形不一样，横板和直板均可使用。反手弹击的拍形是初始拍形，拍面绕拍柄逆向移动呈垂直状。当来球从台面弹起，手臂弯曲迎前，手腕迅速内屈，使拍面与球台端线平行，在来球的高点期，前臂自然向前伸展，手腕用力外伸、抖动，以垂直或稍前倾拍形，撞击球的中上部。这种弹击方法比传统的用拍正面弹击球更为简单实用，而且瞬间可在快拨与弹击间做出选择，故可看作一种特殊拍形下的快拨，也有人把这两种击球法统称为“弹拨”。

基本动作要领：拍子略前倾，横拍拍头要抬起，直拍也要把拍子端平；在来球的最高点击球，主要靠前臂和手腕发力；击球时身体重心要提起来，要在左胸前击球，并要把肘沉下来，保持平稳，这样才能提高弹击的准确率。

四、打好直拍反打

直拍反打必须掌握击球准备动作的基本要领，着重练好拍形控制。

1. 拇指压拍

直拍反手正面击球时，为了控制拍形，达到一定的前倾角度，要求食指压拍、拇指放松；而用反面击球时，若拍面的形态过于前倾甚至与台面平行，这就难免造成击球下网甚至漏球。所以必须加重拇指对球拍左侧的压力，同时食指略放松，中指托顶住球拍，依托拍面与台面形成不小于 30° 的夹角，这样才便于击球。

2. 屈腕支肘

屈腕主要是为了调整拍面方向，因为直拍反面击球时，拍面方向易于右偏过度。屈腕后不仅可以打出更准确、更有力的右向斜线球，更重要的是可以打出左向直线球。

3. 重心下降

直拍反打这一动作的作用是辅助控制拍形，调整拍形前倾度。因为直拍反手正面击球时，拍面难以前倾，须在扭转手腕的同时辅之以提高重心，这样才便于发力和保持拍形。而直拍反面击球正好相反，拍面过于前倾，所以要在拇指压拍、手腕内旋的同时辅之以降低身体重心，拍形才能恰到好处。

五、关于直拍技术发展

虽然直拍打法在专业球员当中运用得越来越少，但是直拍打法并不落后于横板打法，仍然具有其独特的优势。

1. 直拍正手进攻便于发力

直板的侧身爆冲或正手大角度穿越，都是直拍正手得分的完美典范。而且用直拍进行正手拉球的时候非常便于发力，因为在直拍正手拉球过程当中，手腕相对灵活，在拉球过程中更容易用手指和手腕的力量加上摩擦。而横板在拉球的时候，手腕要相对打开，没有直板灵活。初级水平的球员在进行正手练习的时候，切忌动手腕，尽量把手腕固定住，上臂带动前臂发力。

所以，球员若采用直拍打法，一定要树立一个正确的认识，那就是一定要把自己的正手攻球练好。

2. 直拍推挡非常实用

推挡是直板反手打法最常见也最实用的打法。很多人都想要学习反手的直拍横打，却忽略了最传统的推挡。很多人觉得推挡是被动挨打，慢慢地觉得自己的推挡技术不如对手的进攻技术，自己总是处于被动挨打的位置，练习推挡没有任何实际意义，而想去练直拍横打。直拍横打不是那么容易学成的，即使在训练过程中可以打上几板，在比赛当中也不敢去用。

直拍推挡技术可以演化出很多种变化，比如对手拉高吊弧圈球的时候，既可以用直板“吸”一下，也可以突然迎前击球，用来改变对手的节奏，还可以在对手拉到反手位的时候，用一招直板侧切切住来球。侧切也是推挡的一种，从斜上方向前下方摩擦球的中侧部，这种球落台之后会向旁边侧拐，而且带有强烈的侧下旋，可以改变对手上旋相持的节奏。侧切在比赛当中非常实用，但是侧切的难度要大于推挡。

练好直拍推挡技术，非常有利于体会接发球的感觉，球员可以通过调整不同的角度和用力方向来接不同的旋转球，由此体会在拍形角度的细微变化当中处理各种旋转球的意义。

3. 直拍发球富于变化

直拍球员的发球变化莫测，令对手难以琢磨，这在于直拍打法要求球员的手腕要非常灵活，所以在发球的时候，可以用很小的变化去制造出各种不同的旋转，急下旋或侧上旋，其挥拍动作十分相似，令对手难以猜测发出的球到底是什么旋转，从而在比赛前三板当中占据优势。所以建议直拍球员应该多多练习发球，体会手指和手腕在摩擦球的过程中的各种细微变化。

4. 直拍的前三板技术突出

所谓的前三板技术就是发球、接发球、发球抢攻。在这个环节当中，由于直拍球员的发球变化多端，对手在回接发球时容易失误和冒高，因此，直拍球员可以在下一板的抢攻当中占据优势。而接发球也可以利用手指、手腕的灵活性来产生变化。直拍球员在处理对手发的侧旋球或角度刁钻的球的时候，可以充分利用手腕的灵活性进行摆短、劈长，甚至调动对手，使对手回球冒高，从而使自己再次占据优势，进行发力抢攻。

5. 学好直拍横打技术

直拍横打（或称直拍反打）技术其实也并不是特别难学，很多人总是打不好直拍横打，原因非常简单，因为直拍横打类似于横板的反手技术，它和直拍推挡最大的区别在于直拍推挡要把肘部贴紧，身体向前推出，而直拍横打则要把肘部打开到身体的侧前方支撑住，然后用前臂带动手腕发力。很多人的直拍横打往往支不住肘，造成进攻无力，即使能打上，也不会对对手造成多大的威胁。所以想练好直拍横打，必须把肘部支住，体会横拍拨动发力时的动作要领。还有人在练习直拍横打的时候特别喜欢甩手腕，这也是练习时的错误做法。注意，球员在练习直拍横打的初期，一定要把手腕固定住，体会手腕绷住与前臂带动球拍发力击球的感觉。直拍横打的握拍方式也与推挡有所不同，直拍横打时食指要相对放松些，不像推挡时食指扣得那么紧。

6. 善用颗粒胶皮的打法

对于直拍来说，用颗粒胶皮是最好的选择。业余球员的颗粒胶皮，以长胶或生胶为主，多使用长胶直拍推挡演化出的切、磕、拱等技术，而正胶、生胶等则以正手的近台快攻技术为主。

直拍技术并不过时！

六、如何应对各种打法的对手

1. 应对长胶

使用反胶的球员在与使用长胶的球员比赛时往往输得莫名其妙，总有一种还没发挥出自己水平就败下阵来的感觉，其主要原因是对长胶的性能和打法不熟悉，用打反胶的思维方式去打长胶必败无疑。

（1）长胶的特性。

①长胶发球的特性：用长胶发的奔球，其旋转略带下旋，用长胶发的其他球基本上都是不转球，前进力量很小。

②长胶借转的特性：球员搓过去的下旋球，对手用长胶接回来是上旋球；球员打过去的上旋球，对手用长胶接回来是下旋球。

③低水平的长胶球员接上旋球时，只能靠调整拍形挡回去，因为接回去的球变成下旋球，发力容易下网。

④长胶球员最希望来球是下旋球，长胶可以类似反胶那样将球推过去（拱球），即将球的旋转改变成上旋，此时球的上台率非常高，球速也是长胶回击球中最快的，威胁较大。

（2）应对手法。

①对于有能力连续拉质量较高的弧圈球的球员来说，打长胶会很简单，发上旋奔球后，连续拉加转弧圈球，或者接发球轻拉起来，然后连续拉加转弧圈球。低水平的长胶球员只能被动防守，胜负取决于拉弧圈球的命中率。

②对于没有熟练掌握弧圈球技术的球员来说，其打法需要不断变化。简单来说就是搓一板、打一板，然后结合一些变化。要以发长奔球为主，使对手不能发力进攻，只能挡回来。对手用长胶挡回来的球已经变成下旋球，这时候需要搓回去。球员在搓球时必须提高警惕，因为对手这时候可以用拱球的方式回击，球的速度很快且旋转变成上旋。这时候球员一定不能按打反胶的惯性思维去搓，一搓肯定出半高球，必须挡或打回去。此时，对手用长胶回击过来就又变成下旋球，这时候球员再搓一板，如此反复形成相持。

（3）遇到下旋球时，长胶球员用“拱”“刮”回击的球，属于略带上旋的不转球（来球的下旋越强，长胶球员回击的球的上旋也越强）。球员应该用正手攻或拉冲，反手用推（直握拍）或拨和弹打（横握拍）来回击。

（4）遇到上旋球、弧圈球时，球的旋转越强，长胶球员“磕”过来的球的下旋也越强。球员既可以用拉高吊弧圈球应对，又可以用搓不转球和下旋球来过渡。

（5）遇到侧上旋球和侧下旋球时，长胶球员一般用“撇搓”“挤搓”“拱”“刮”等方法，回击的球的旋转与来球的旋转方向相反，且呈左右、上下晃动状态。这种球易打到手指和拍边上，甚至漏掉，因此，球员要看准球飞行的轨迹，慢半拍打球，不要太急、太快。

（6）遇到不转长球时，长胶球员用“搓”回击的球属于不转球。这种球可攻可冲，用反手“推”，或用正手“刮”和“抹”一板，回击的球，属于略带下沉（下旋感觉不明显）的不转球。

（7）遇到不转短球时（来球轻轻的、慢慢的），长胶球员一般用“轻靠”或“轻撞”一板回击的球属于略带下沉（下旋感觉不明显）的不转球。这种球（台内）易下网，可用“托一些搓”来过渡。

综上所述，跟长胶球员打球一定要有耐心，千万不要上来就猛冲猛打，一旦落后会越打越紧张，很容易输球。还要打破打反胶的惯性思维，不要怕出高球，被动中放高球也是一种办法。长胶球员的进攻能力一般比较弱，就算我方回出高球，对手也不一定能进攻得分，因此最重要的是要使球上台。

长胶球员如同一块试金石，最能考验球员的基本功和心理素质是否过硬。当球员了解长胶的特性后，会发现与长胶球员比赛真是其乐无穷。

2. 应对正胶、生胶

正胶打法的特点是速度快，在近台有一定的优势。针对这一特点，球员可用如下做法来应对。

（1）采取中台站位，加强弧圈球的使用，迫使对手来打相持球，以发挥球员的优势。

（2）用正胶拉出的球弧度较低，在相持的时候要多注意。

生胶在外形上和正胶比较相似，但是弹性更大，速度更快，应对反手生胶球员，主要是弱化其优势，对其反手位进攻，注意观察其站位，不要让其侧身用正手位与球员对拉。当对手用生胶与球员对攻相持时，生胶的攻球效果肯定不如反胶，此时球员的优势就会显露出来。

3. 应对弧圈球

弧圈球的特点是飞行弧线低，速度快，前冲力强，落台后弹起不高，但急向前冲并向下滑落。应对弧圈球的办法如下。

（1）熟悉旋转规律。正确地判断来球的旋转性质及旋转强度，了解和熟悉各种不同性能的球拍的击球特点，是应对弧圈球的前提。如对手发右侧旋球，球员的拍形应偏向对手左侧。

（2）调整拍面方向。如用推挡回接，对手发左侧弧圈球至球员的反手位时，球员的拍面方向应偏向对手右侧一些，拍形向前倾一些。

（3）用力量压制。假如对手拉过来的球偏高，可做近似直线的扣杀，由于大力扣杀，击球力量大大超过了来球的力量，从而削弱了对手来球的旋转作用。根据这一原理，在回击低球时，球员若主动发力击球，比较不易“吃转”；反之，球员越不敢打，越容易“吃转”，也就越容易陷入被动。

（4）用速度战胜。一般可采用如下三种方法。一是提高单位时间的击球次数。争取板板紧逼，迫使对手在匆忙中回击，从而影响其击球质量。二是突然加快击球速度。在与对手相持中，突然加快击球速度，可以破坏对手的击球节奏，使其勉强回接。三是挥拍击球的速度要快。根据物体动量变化等于物体所受合外力的冲量的力学原理，挥拍击球的加速度越大，其动量也越大，给球的力量越大，因而在一定程度上可以减弱对手来球的旋转，这是处理弧圈球的关键。

4. 应对削球

应对削球是个难点，可以采用以下方法来应对。

（1）对付正反反长（正面反胶、反面长胶）的削球手时，应发下旋球到对手反手位，这样对手的搓球不带转（甚至是上旋）。不过要小心对手“拱”球，同时配合发长球到他的正手位。拉攻时要注意，拉过去的球旋转越强，对手用长胶削过来的球的旋转就越强，所以暴冲对手反手的球，对手回球很可能带有强烈下旋，此时可以轻拉对手反手，使其回球的旋转不强，然后伺机暴冲。

（2）对付双反（双面反胶）打法的削球手时，对手可以两面加转，同时配合旋转变化，球员要看清旋转，不要被对手的转与不转所迷惑。

（3）对付一正一反、一生搭一反的削球手时，对手的削球可能旋转变化更多，但因为对手是采用正胶、生胶拍面，所以球的旋转不是很强。

（4）对付一反一防弧（一面反胶，一面防弧胶皮）的削球手：防弧面基本没什么旋转威力，但防弧面削球飘忽下沉，且不往前走，因此击球时间不宜过晚，以免打空。

（5）对于所有削球，要注意不要跟对手磨耗，要主动进攻，让对手措手不及，同时配合吊短。注意多打追身球，因为球在追身位置时，对手很难削出高质量球，然后再伺机冲两个大角。

5. 应对正手攻球

快攻型的球员一般不擅长打持久战，通常会发球抢攻（以发上旋球为主，而且大多会往球员的反手位发），球员在接球的时候要反应迅速，把球压到对手的反手位。如果是打弧圈球，球员要预先判断球的落点，在球刚弹起且速度还不快的时候接球。球员要在进攻上主动一些，控制好节奏，掌握主动权。

七、如何使用倒板技术

倒板就是正反手颠倒，球手在击球过程中，要学会利用正反两面不同胶皮的不同性能进行倒板，达到制造出不同的旋转、迷惑对手、为进攻创造机会的目的。

“正反反长”或者“正生反长”等方法较常用。比如，发球时，球员用正手反胶发下旋球后，如果预判到对手搓回的是下旋球，则提前转拍 180°，使正手变成了长胶，利用长胶以拱、挤、撇等技术予以回击。回击后，球变成上旋球，对手往往因判断不清旋转而冒出高球，此时，球员可以直接用长胶进攻或再变成反胶进攻。

1. 技术运用

力量和速度不是追求的目标，旋转和节奏的变化才是制胜的法宝。充分利用长胶的“怪”（旋转变化）的特点，使对手产生恐惧心理，让对手因焦急而找不到感觉。防守反击，以退为进，尤其是要防得住对手的第一板进攻，这是盘活全局的关键。灵活多变是精髓。如对手怕长胶，就多用长胶；如对手适应长胶，就多用倒板；对手抢攻好，就增加反胶的使用频率，配合适当的抢攻，起到干扰和牵制的作用。

2. 技术要点

（1）不比“快”，而比“怪”。

（2）长胶“稳”，反胶“狠”。

（3）反胶对反胶得分多时，则多用反胶；反之，则多用长胶。

（4）长胶对长胶时，看谁的控制能力强，要少用力，多控制。

3. 核心套路

应对上旋来球，以回至对手反手为主，迫使其搓球，一旦球变成下旋球，就以长胶“拱”，得分的关键就在于如何从下旋球中找机会。

4. 注意事项

（1）如果用长胶（拱一板或撞一板）到对手反手位大角度斜线后，

球员应该准备用主动进攻战术。

（2）如果用长胶（拱一板或撞一板）到对手正手位直线后，球员应该准备用防守反击战术。

（3）倒板需要手法熟练，需要多加练习，要培养好的手感，掌握不同胶皮的性能。其实也可以不用倒板打法，在比赛中，球员可以利用反手长胶的反旋转特性去干扰对手，控制旋转、落点和节奏，从而为正手反胶进攻创造条件。

八、如何拧拉强旋转球

在拧拉的时候，肘关节是抬得很高的，基本上是和右肩膀同高，有时候甚至比右肩膀还要高一些，这是为了方便最大限度地内曲手腕。手腕内曲到最大的角度时，肘关节、前臂和手腕形成了一个“S”形，这是反手拧拉的一个标志性动作。肘关节抬高以后，前臂就形成了一个自然的吊臂，手腕垂下来，向内弯曲。在发力和摩擦球的过程中，前臂带动手腕从身体的内侧向前方形成了一个半圆形的运动轨迹。拧台内球的时候，球员的身体重心不要起伏太大，主要是利用手腕来制造球的弧线。拧拉的动作要领如下。

（1）首先要对来球的落点进行充分的预判，在引拍的过程当中，肘关节和肩部抬高，保证前臂和手腕能够放松地、垂直地掉下来，上臂起到支撑作用，前臂帮助手腕发力。

（2）当球弹起来到最高点的时候去摩擦球的侧面，手腕快速向前转动，拧腰发力。在手腕发力过程当中，手腕对拍形有一个强烈下压的调整，保证球的飞行弧线不会过高。

（3）侧拧一般是接触球的左侧比较多一点。接触点在左侧下部到左侧中部时，一般侧拧下旋球。接触点在左侧中部到左侧上部时，一般是侧拧上旋球。通过对球制造一个侧向的摩擦力，将球变为上旋球时，一般是侧拧上旋球。

（4）手腕用力的方法是，先内曲手腕，往身体腹部右侧进行一个内曲的引拍，在球弹起来以后，快速地转动手腕摩擦球的左侧面，先往上前方进行摩擦发力，然后往右侧下方进行一个快速的转动压拍。手腕就是在球的左侧边缘进行了一个半圆形的弧线运动。

第二节　乒乓球运动的战术精要

一、多种战术整合技巧

在乒乓球的各种战术中，有以下几种基本的战术需要掌握。

1. 快攻类打法对付弧圈类打法的战术

（1）发球抢攻。以发侧上、侧下或转与不转的近网短球为主，配合发右大角和中路偏右处急长球。要求所发的球的长短明显，旋转差异变化大，抢攻球上手快、落点刁，打对手空当，或有针对性地攻击对手的薄弱环节。

（2）接发球抢攻。要有抢攻争先的意识，以快点为主，或快拉回击对手的空当。当被控制不能起板时，可运用摆短、切、撇等技术过渡一板，要求落点好、线路刁钻。

（3）连攻变线。连续进攻，把对手调到某一角，造成其移动困难，伺机变线，攻对手空当。

（4）中路突破变线。若对手技术全面，可选择中路突破，应在接发球时，控制台内短球，力争突击对手中路，再突击变线。

（5）连续攻追身球。如果对手以弧圈球为主，正反手均能进攻，则应打对手的追身球，发球、接球、过渡球均应以中路近网短球为主，配合两大角。

2. 快攻类打法对付削球打法的战术

（1）拉长吊短。在拉球过程中，利用长短落点及线路变化进行突击，连续拉两大角，再吊短。

（2）搓中突击。利用搓球的长短、线路及旋转的变化，迫使对手出现漏洞，回球过高，伺机拉前冲或扣杀。

（3）拉两大角突击中路。连续拉球，打大角，落点、旋转及速度均要有变化，伺机扣杀中路。

二、比赛中的战术

1. 发球抢攻战术

当今比赛中，发球的优势已经在慢慢减少，发球抢攻才是赢球的关键，所以发球不仅要发得好，而且发球后抢攻要跟得上才行！

根据不同的基本功、不同打法、不同的技术层次，推荐几种常见的发球抢攻战术：正手发转与不转球结合落点变化进行抢攻，侧身正手（高抛或低抛）发侧上（下）旋球结合落点变化进行抢攻，反手发急球与急上（下）旋球相结合并进行抢攻。

2. 接发球战术

接发球战术不是指某一种特定的技术，而是由多种技术组合而成的综合能力。虽然球员在接发球时处于被动状态，但是一旦接发球控制得好，就可以打破被动状态，化被动为主动，从而让对手措手不及。

常用的接发球战术有：稳健保守法、接发球抢攻、在对手的弱点处寻找突破口、控制接发球的落点及正手侧身接发球等。

3. 搓攻战术

所谓进攻并不一定是板板拉弧圈球，有时候搓攻也是一种在比赛中运用较多的进攻战术。常用的搓球战术有：慢搓与快搓结合、转与不转结合、搓球变线、搓球控制落点、搓中突击及搓中变推或抢攻等。

4. 对攻战术

对攻战术是进攻型打法在相持阶段常用的一项重要战术。在高水平的对抗中，对攻战术运用比较多，在女子比赛中更是常见。常用的对攻战术有以下几种：紧逼对手反手，伺机抢攻或侧身抢攻、抢拉，压左突右，调右压左，攻两大角，攻追身球，变化击球节奏，加力推和减力挡结合。此外，还可将发力攻、拉与轻打轻拉结合。造成对手的被动局面；改变球的旋转性质，如加力推、推下旋；正手攻球后，退至中远台削一板，对手往往来不及反应，可直接得分或创造机会球。

5. 拉攻战术

拉攻战术是采取进攻后要给对手造成某种威胁的战术，上手能力强的球员常用这种战术，他们会在落点、速度、旋转上进行变化，从而让对手的防御能力降低，甚至直接得分。常用的拉攻战术主要有：拉反手后，侧身突击斜线或中路追身球；拉中路杀两角或拉两角杀中路；拉一角或杀另一角；拉吊结合，伺机突击；拉搓结合；稳拉为主，伺机突击。

6. 削中反攻战术

这种战术主要靠稳健的削球来限制对手的进攻能力，为自己的反攻创造有利条件。它不仅增强了削球技术的生命力，也促进了攻防技术之间的积极转化。常用的削中反攻战术主要有：削转与不转球，伺机反攻；削长短球，伺机反攻；逼两大角，伺机反攻；交叉削两大角，突击对手弱点；削、挡、攻结合，伺机强攻。

7. 弧圈球战术

由于弧圈球战术把速度和旋转有效地结合起来，稳健性好，适应性强，许多球员已用它去替代攻球或扣杀。常用的弧圈球战术主要有：发球抢攻、接发球果断上手及相持中的战术运用。

三、如何突破瓶颈期

首先来认识下什么是瓶颈期，然后再去寻找打球进入瓶颈期的原因。

字典上关于“瓶颈期”的解释是：事物在变化发展过程中遇到了一些困难（障碍），进入一个艰难时期。跨过它，就能更上一层楼；反之，可能停滞不前。

对应到打乒乓球上，球员有时也会有这种感觉，怎么打都无法赢得比赛，经常输给一些水平不如自己的对手。感觉体能很好，但是打球的力量不行；防守不错，但是速度不够，喜欢打慢球和退台防守。

以上的这些问题是有着内在联系的，可以理解为：虽然球员的体能很好，但是没有掌握乒乓球的发力机制，导致作用到球上的力量很小；力量小了，球的速度自然就会慢，旋转也会弱。给对手的杀伤力不够，压迫感不强，对手肯定会反过来进行攻击，打着打着，就变成了对手进攻、球员防守的局面。如何突破这种瓶颈？在此提供几个解决方案。

1. 打球力量不够的解决方案

球员要学习乒乓球的发力机制。乒乓球的发力，讲究“松—紧—

松”的过程。尤其在最后击球的刹那间，要加速，把力量集中到球上。如何做到“松—紧—松”？在引拍阶段，要学会适度放松，引拍的过程其实就是蓄力的过程，这个过程就好比压缩弹簧的过程。在挥拍的过程中，在触球的瞬间要有个突然加速的感觉，切忌匀速挥拍。这里有个小窍门，在触球时用手指突然抓紧球拍，然后再放松，随势挥拍，这样打出的球才有爆发力，这就是人们常说的“鞭打效应”。

值得一提的是，有些身体强壮的球员打球却发不出力，给人软绵绵的感觉，原因是击球动作出现了问题。有的人把力量锁在了腰部，有的人把力量锁在了肩部，有的人则是把力量锁在了肘关节。总之，击球动作不合理，导致力量在传递过程中出现了损耗或者抵消的情况。

要想解决这个问题，还是要回到“击球动作是否合理”这个问题上来。正所谓力从脚下生，力量通过膝关节、腰部、肩部、上臂、肘部、前臂、手腕、手指部位，层层传递，这样打出的球的质量才高，拉出的球才有很强的爆发力，也就是常说的把球打实。

此外，击球的有效力量提高了，速度慢的问题也就会迎刃而解，因此，解决了发力问题，也就间接解决了速度慢的问题。

2. 退台防守过多的解决方案

（1）只要不是打削球的球员，就不应该过多地退台防守。退台防守意味着被动，意味着消极。球员退台了，对手势必会攻上来，他会站在近台想怎么打就怎么打，球员就会只有招架之力。要改掉这个毛病，就必须认识到退台是不行的，只会越打越被动。

（2）强化迎前意识。如何“迎前”？举个例子，在练习正手攻球的时候，球员让陪练发不出台的近网球，球员需要扑上去击打这个球。开始练习时，击球时机是来球高点期，熟练了再换成在球的上升后期击球。通过这种方式，球员可以找到打近台快攻、快拉的感觉，感受近台进攻的威力。

（3）在准备姿势上，切忌用后脚跟撑地。这一姿势易导致重心后移，没法迎前击球，一定要身体稍微前倾，用前脚掌撑地，后脚跟微微抬起。只有坚持用这样的击球准备姿势才能养成迎前的习惯，改掉越打越退台的毛病。

3. 不重视训练基本功的解决方案

“打球不练功，到头一场空”。当球员打球进入瓶颈期的时候，球员可以回到基本功这个课题上来。一说基本功，很多人就认为只有正手攻、反手推拨等是基本功，其实乒乓球基本功的范畴是很宽泛的，如正反手的衔接技术、跑动中攻球、步法训练、搓球练习、发球练习等。球员把这些基本功练熟了，水平自然而然就会提高了。反之，球员如果平时不注重基本功的练习，那么球员的水平的提升速度会很慢。

综上所述，打球会进入瓶颈期，这是很正常的事情。越是打到高水平的层次，越容易进入瓶颈期，每次进入瓶颈期，球员不应该怀疑自己，而是应该找到进入瓶颈期的原因，对症下药，逐一解决。

如果经济条件允许，建议找专业教练帮球员克服遇到的困难，这样突破瓶颈的时间可能会更短一些。而对于基本功的重视和练习，是需要长期坚持下去的，越是重视基本功练习，球员突破瓶颈期的能力就越强。

下篇

乒乓球运动心理指导

第四章　初级：乒乓球运动的心理基础

球员要在乒乓球运动中取得成功，离不开对乒乓球运动心理的研究与运用。乒乓球比赛是一场竞技运动，输赢往往在毫厘之间、分秒之间，十分激烈与“残酷”。球员如果没有强大的内心和稳定的心理状态，就难以取得胜利。

心理学是一门古老的学科，现已发展出多个分支学科。运动心理学作为一个年轻的学科，已在百年前诞生。被誉为“美国运动心理学之父”的科尔曼·格里菲斯（Coleman R. Griffith）于 1923 年在美国的伊利诺伊大学开设了第一个运动心理学课程，并于 1925 年建立了第一个运动心理学实验室，拥有的若干设备可用于测量运动知觉，心理觉醒程度，视觉、听觉、触觉反应，肌肉协调能力，肌肉紧张与放松能力，学习能力等。

中国古代已经孕育了丰富的运动心理学的思想，这些思想散见在《礼记》《庄子》《史记》《吕氏春秋》等著作中。我国著名的体育教育家马约翰早在 1926 年撰写的《体育的迁移价值》中就有关于运动心理学的论述。1979 年，中国心理学会体育运动心理专业委员会成立，1980 年，中国体育科学学会运动心理学分会成立，标志着我国体育运动心理学进入全面发展时期。1987 年，来自 15 个省市的 288 名运动员在比赛前和比赛期间，寻求了运动心理学家的帮助，并取得了良好的效果。从 1990 年之后，乒乓球运动心理方面的研究不断出现。2004 年后研究结果呈上升趋势。在论文数量方面，乒乓球运动心理的研究文献相对于乒乓球运动在我国的地位来说还略显不足。研究方法在近几年有所创新，研究内容有所增加，但仍较单一。目前，关于乒乓球运动员心理的研究多采用“赛前积极引导”“赛中行为观察”“赛后深度访谈”的定性研究范式。我国乒乓球运动心理方面的研究多集中在竞技运动方面，研究对象以高水平运动员为主。如何进一步提高理论对实践的推动效果，规范研究方法，拓展研究视角，还有待进一步发展。

在国际乒乓球运动心理的研究方面，对优秀运动员赛中焦虑和唤醒等情绪变化、表现形式及情境因素，对残疾人的心理干预，对残奥会智能障碍乒乓球运动员赛中认知表现等方面，均有一定的研究与成果。

第一节　乒乓球运动心理的研究

一、心理素质在对抗中起效

乒乓球是一项竞技体育项目，比赛结果有输有赢，自然会给人带来快乐或悲伤。虽然球员在日常练习中也能获得运动乐趣，但乒乓球之所以吸引更多的人参与其中，是因为它有竞赛带来的无穷乐趣。虽然对于普通人来讲，不必付出艰苦的努力去达到专业运动员水平，但是绝大多数人都希望自己的技术水平能迈上更高的台阶，遇到水平更高的对手，获得更多的乐趣。这里有一个非常值得思考的问题，就是心理素质在乒乓球运动中的作用。

1. 注意力训练

球员在打球时，能做到不分心，不受外界的干扰，并不是一件简单的事。球员内心往往有怕输的想法，这种心理状态在竞技体育中是非常普遍的。可以采用下述办法调整心理状态。

（1）在自己周围，人为地竖起一道“高墙”，把自己封闭起来，任凭风浪起，稳坐钓鱼台。

（2）清空内心的杂念，把以前的事情忘得一干二净，从零做起。世界冠军们常常对自己讲：“我只是一个普通的运动员，参加一项普通的比赛。”这是一种重要的心理状态，它能够帮助运动员在面对挑战和压力时保持冷静，发挥出最佳水平。

2. 意志力训练

不管是比赛，还是训练，球员都要有坚韧性和顽强性，不管输赢，不管落后多少，即使在比赛的最后一分钟，也要顽强拼搏，不放松、不气馁。哪怕内心有一丝退却，也可能导致一溃千里。因此，球员必须重视意志力训练。

3. 控制力训练

一个人在做任何事情时，都要有自我控制、自我约束的能力。其实，大多数的情况是，不是有人与你过不去，而是自己处在与自己“较劲”的状态。此时，最好的做法是对自己进行积极的心理暗示。不说“别紧张”“别失误”“别想输赢”，而是对自己说“放松”“盯住对手正手打”“果断”。消极的心理暗示往往带来消极的结果，积极的心理暗示通常会有积极的成效。

二、乒乓球运动的心理动力

一个人参加一项运动，特别是参加竞技运动，首要目的是完成这项运动，还有一个目的是取得胜利，而保证取得胜利的第一要素便是动力。

动力来自内部动机与外部动机。内部动机以生物性需要为基础，是来源于内部原因的动机；外部动机以社会性需要为基础，是来源于外部客观原因的动机。

一个人是否拥有优异的运动成绩与坚持不懈的运动生涯，与他的基本需求是否得到满足有关。心理学家马斯洛认为人的基本需求是：生理需求、安全需求、爱与归属、尊重需求及自我实现。以上需求角度是参加乒乓球运动最为关键的动力来源。任何一个或多个需求的满足，都可以成为人们的动力来源。对最优秀的专业运动员来说，其绝大多数需求一定得到了充分的满足。反过来说，要想取得良好的比赛成绩，要想成为乒乓球运动中的佼佼者，没有强大的动力，即高目标的成就感，就不可能通过训练、参赛、晋级、淘汰等一系列环节的考验。

乒乓球是一种球类竞赛运动，一方面，动力毫无疑问是影响比赛成绩的一个关键因素。另一方面，多种因素会影响每一次比赛的结果。也就是说，并非拥有时时想赢对手的动力就可以取得比赛胜利。只有彻底保持一种超然的心态，才有可能毫无保留地发挥出全部实力。

第二节　乒乓球运动的心理素质

一、乒乓球运动员的情绪状态

打乒乓球时，球员应该保持一种什么样的情绪状态呢？有人说，应该乐观、积极，完全放松。这些都是好词，听起来很有道理。但是在实际生活中，特别是在乒乓球这种竞技运动中，并非如此。

情绪是人的精神活动的重要组成部分，在人类的心理活动和社会实践中有着极为重要的作用。这些作用主要通过情绪对行为的调节、对行为效率的影响，以及对外界环境的适应等方面来实现。

从情绪的两极性来看，情绪可以分为积极的情绪和消极的情绪。积极的情绪能够提高人的活动能力，补充人的体力和精力；消极的情绪能抑制人的活动能力，降低人的体力和活力。很显然，从一般的角度来说，积极的情绪有助于工作效率的提高，消极的情绪则会影响工作效率。但是经过心理学家们的实验和研究证实，消极的情绪不是在所有时候都会降低工作效率，比如焦虑在适度的情况下也会提高工作效率。

根据焦虑程度与运动效率的相关研究结果，我们可以看到情绪和运动效率的关系。

第一，适度的焦虑能使人发挥出最高的运动效率。许多研究可以看出情绪和运动效率的关系：焦虑程度过高或过低都不能使运动员取得良好的运动成绩。保持适度焦虑的情绪状态往往可以维持人们对任务的兴趣和警觉，有利于工作效率的提高。那种认为只有在身心完全放松的状态下才能保持最高的工作效率的观点，看来是不科学的。

第二，从情绪的个体差异方面来分析，一般来说，情绪比较稳定、不容易过分焦虑的人比容易激动和焦虑的人有更好的学习成绩。

第三，从情境压力和焦虑程度的个体差异的关系来看，一般来说，低焦虑者（情绪较稳定、不易激动的人）在情绪压力下可提高工作效率、运动效率，而高焦虑者的工作效率、运动效率常因情绪压力的影响而降低。

第四，从情绪压力和任务的复杂程度的关系来看，一般来说，一个人进行简单的工作、运动时，常因情绪压力而提高效率，而进行复杂的工作、运动时，则因情绪压力而降低效率。工作、运动愈难、愈复杂，工作效率、运动效率就愈容易受情绪压力的干扰，这就是叶克斯－多德森法则（The Yerks-Dodson Law）。

总之，情绪和工作效率、运动效率的关系是一个复杂的问题。有时积极的情绪的“增力”作用和消极的情绪的“减力”作用在方向上不是截然分明的。由于具体情境不同，个体的个性特点不同等因素，有时积极的情绪也可能会产生“减力”作用，消极的情绪也能产生“增力”作用。心理学家一般都认为，适度紧张的情绪有利于工作、运动效率的提高。这项研究的结果可以大大提高乒乓球运动的战绩和促进工作中各项任务的实施。

在乒乓球比赛中，如果没有一定的焦虑情绪，没有适当放低身段，就难以取得优异的成绩。实力更强的一方却输掉比赛，这在各大比赛中十分常见。

适度焦虑是比赛中的最佳情绪状态！

二、乒乓球运动员的智力

智力一词应用广泛，但对于智力的实质，心理学家并没有一致的看法。由于不同心理学家对智力的认识不同，智力的各种定义并不相同。一般认为，智力是一种潜在的、非单一的能力，是知觉、分析和理解信息的复杂的混合体。人的智力与先天遗传因素有关，遗传决定了智力发展的上限。而后天的环境和教育因素则决定了个体的智力实际上可以发展到什么程度。营养、药物等因素对智力发展也有一定影响。

有一种说法认为，运动员“四肢发达，头脑简单”。这种看法是一种偏见。目前众多的研究表明：高水平运动员具备中等或中等以上水平的智力；体育专业学生的智力发展水平与文理科学生无显著性差异；运动专项不同，取得优异成绩所要求的智力特征有所不同；运动操作任务的难度与智商之间有很强的相关性。这就意味着，智商在运动中，特别在挥拍类竞技运动中，具有非常重要的作用。

乒乓球运动要求有良好的观察力（对手的长处与短处）、判断力（来球的旋转方向）、反应力（迅速调整战术）等，均需要有较高的智力水平，才能显示出优势，才能更好地获得打乒乓球的快乐感。

综上所述，乒乓球是一项球类竞技运动，靠的是头脑，靠的是智慧。良好的智力训练是必不可少的。

要用智慧打乒乓球！

三、乒乓球运动员的人格

关于人格的定义，说法较多。一些心理学家从心理的差异性方面来理解，喜欢使用“个性”这一概念。为了便于记忆，我们可以将人格理解为：人格是决定一个人适应环境的独特的行为模式和思维方式，是个人比较稳定的心理特征的总和。

尽管不同的定义在表述方面不尽一致，但都强调了人格概念应具有的要点或特征，即整体性、稳定性、独特性、社会性和倾向性。

一个人应具有什么样的性格呢？霍华德·S. 弗里德曼（Howard S. Friedman）和莱斯利·R. 马丁（Leslie R Martin）在《人格决定寿命》一书的封面上公布了其研究结果：拥有“谨慎”与“尽责”性格的人能享受悠长的人生。对于乒乓球运动员来讲，这个结论有十分重要的意义。这就是说，对打乒乓球的人来说，不要盲目自大，看不起对手，要小心谨慎，站在“弱者”的位置上，为战胜对手拼尽全力；同时又仔细研究对手，准备好各种战术战略，以竞争者的角色完成每次使命。只有这样才能处事不惊，比分落后时不过分焦虑，在遇到关键球时，有宽广的“胸襟”，有一颗“大心脏”！

陈静等学者在 2006 年发表在《心理科学》上的对中国乒乓球运动员（少体队、省队、国家队）的研究文章表明，乒乓球运动员的人格与成绩之间有相关性。其中，在乐观性、宽容性、探索性、有恒性、自律性、果断性、稳定性等 7 项指标特征上，升级组优于未升级组。

养成良好的人格特征是一项长期的任务！

四、乒乓球运动员的感觉和知觉

感觉是人脑对直接作用于感觉器官的客观事物个别属性的反映。感觉是人认识事物的开端，是知识的源泉。一切较高级和较复杂的心理活动都是在感觉的基础上进行的。

视觉是运动员辨别外界事物的特殊能力。在乒乓球运动中，要准确地观察运动员及乒乓球的运动空间、方位和距离。由于长期的锻炼，乒乓球运动员的闪光融合频率值高于一般人，且视觉退化的过程会减缓。眼睛的使用方法自然变得十分重要。一方面，要提倡紧盯球路的变化，另一方面，要强调观察自身动作是否规范与到位。

动觉也称运动觉或本体觉，它负责将运动的信息传入大脑。动觉由肌觉、腱觉、关节觉与平衡觉结合而成。乒乓球运动离不开动觉的培养与提高。

知觉是人脑对直接作用于感觉器官的客观事物各部分或属性的整体反映。当客观事物作用于人的感觉器官时，人不仅能够反映这个事物的个别属性，而且可以通过各种感觉器官的协同活动，在大脑里将事物的各种属性联系起来，整合为一个整体，形成一个完整的映象。这种对客观事物和机体自身状态的感觉和解释就是知觉。知觉的特性有：选择性、整体性、理解性与恒常性。空间知觉是对乒乓球的大小、深度、方位、时间、旋转以及自身运动的知觉。没有准确的知觉判断，则很难准确地击球。

如何能够提高乒乓球运动员的感觉和知觉？

1. 熟悉球性的练习

乒乓球的球性特指球的重量、弹性、速度、旋转与弧线等。熟悉球性是练习的第一步，甚至是高水平运动员训练中的必要内容，可见球性在球类项目中的重要地位。在练习中可调整击球的高度和角度，如采用打悬吊球、放高球等具体方法来熟悉球性，形成“球感”。

2. 阻力练习法

阻力练习法就是指外加阻力，增大刺激强度，使肌肉用力感觉更清晰的方法。因为乒乓球只有 2.7 克左右，外加击球时球员的紧张情绪，致使击球瞬间肌肉用力感觉不清晰，不能形成清晰、准确、稳定的动觉反馈，也就不能快速形成动作记忆。为此，可采用外加阻力的方法，帮助球员体会发力过程，形成力感。比如，右手握拍者可用左手持球，同时右手按动作要领挥拍击球，击球时右臂体会用力感觉，左臂体会击球后球的运动效果。

3. 助力练习法

助力练习法同阻力练习法相反，是指在练习动作时提供外加动力，其作用原理同阻力练习法相同。练习初期，球员往往肌肉紧张、关节僵硬，不能集中协调发力。教学时老师或教练可让球员放松执拍侧肩关节、肘关节和腕关节，然后从侧后方，用自己的同侧手把持球员的持拍手进行动作练习，同时让其体会动作路线、动作节奏、肌肉紧张与放松的交替以及肌肉用力感觉，并强化记忆。

4. 表象训练法

表象训练法是一种常用的心理训练的方法，指在已有动作感知的基础上，在大脑中想象动作过程，体会动作在一定时间、空间及力量方面的特征的方法。表象训练时，大脑中出现的动作形象主体既可以是他人，如优秀运动员，也可以是自己，还可以在想象优秀运动员的动作时把自己置换进去，体会动作过程。表象训练法的优点是不耗费体力，错误动作少。

5. 反馈法

反馈法是运动技能学习进步过程中的一个重要因素。即教练员通过对自身本体感觉将动作技能结果告诉球员，让球员更好地掌握动作要领。在这里所说的结果是动作的正确与否，这对于球员来说是至关重要的。有的时候，正确动作可能打出效果差的球；错误的动作也可能打出效果好的球，如果教师或教练不能及时加以反馈，球员就可能形成错误的认识。所以，及时、准确地反馈，并要求球员强化反馈结果，对于初学者甚至是高水平运动员形成正确的运动感觉非常重要。

一般而言，初学者宜采用及时的外部反馈。而技能相对熟练的人则宜采用延时的外部反馈或及时的自我反馈。

五、乒乓球运动员的记忆

自然界的所有物体在受到外界的作用时都会留下痕迹，人的大脑也是一样。感知过的事物、思考过的问题、体验过的情绪、从事过的活动都会在人们头脑中留下不同程度的印象，这就是记忆。从认识水平的角度来说，记忆是从感知过渡到思维的中介。现代心理学认为，记忆不是一个单一的过程，而是一个复杂的系统，或者说，记忆是人脑对过去的经验的保持和再现（回忆和再认）。

艾宾浩斯遗忘曲线表明了遗忘进程的规律：遗忘的进程是不均匀的，在识记后的短时间内，遗忘的发展速度较快，后来逐渐缓慢，稳定在一个水平上。运动反应的过程也同样符合这一规律。因此，在乒乓球运动的训练学习过程中，如果要快速掌握一种新方法、新技能，应及时复习，包括当天晚上睡觉前回忆，这是行之有效的抵御遗忘的方法。

乒乓球运动中常常产生热身损耗现象，即已经掌握的运动技能在间歇后（如暂停后）不能立刻恢复到原有表现水平的现象。其原因是遗忘的表现。

关于遗忘的理论中，还有一个“遗忘是因为学习和回忆之间受到其他刺激的干扰”之说，可用前摄抑制和倒摄抑制来说明。前摄抑制是先学习材料干扰后学习材料的保持或回忆的状态。某实验所证实了这种机制，实验要求两组被试者学习字表，第一组被试者在学习前进行了大量的类似学习和练习，第二组被试者没有进行这种练习，结果第一组被试者只记住了字表的25%，而第二组被试者记住了70%。结果表明，前摄抑制随之前学习材料数量的增加而增加，也随保持时间的增加而增加。后学习材料干扰对先学习材料的保持或回忆的状态，称为倒摄抑制。运动任务的相似性达到一定程度，抑制作用最大；到了先后的运动任务完全不同时，抑制的效果最小。因此，在乒乓球运动的训练中，第一个与最后一个训练项目受到记忆损失的可能性最小，要把重要的新技术与新技能集中在这个时间段训练。

此外，还有一个规律，运动记忆优于言语记忆。这是由于在学习运动技能时，人体开放了更多的信息通道，不仅有视觉、听觉，还有本体觉、平衡觉等，更易掌握。因此，在运动员训练中，如何刺激运动员多种信息通道，增加形象记忆，至关重要。

六、乒乓球运动的思维与创新

思维是人脑对客观现实的概括和间接反映。思维是人类认识的高级阶段，它是在感知基础上实现的理性认识形式。例如，通过对人的观察分析得出“人是能言语，能制造和使用工具的高等动物”。根据对水的研究得出水和温度之间的关系，在标准大气压下，水的温度降低到0℃，水就会结冰，水的温度升高到100℃，水就会沸腾。这些都是人脑对客观事物的本质及其规律的认识。人们常说的“考虑”“设想”“预计”“沉思”“审度”“深思熟虑”等都是思维活动的表现形式。思维具有间接性和概括性两个基本特征。思维的种类包括动作思维、形象思维和抽象思维，也可以分为聚合思维和发散思维，或者分为习惯性思维和创造性思维。

在乒乓球运动中，有个操作思维的概念，它是一种高水平的动作思维，实际也包括形象思维与抽象思维。运动员必须正确地预见对手可能采取的行为，从而采取应对的方法。多个研究表明，乒乓球等球类运动员的操作思维要明显优于中长跑运动员。

创造性思维是具有主动性和独创性的思维。除具有一般思维的特点外，它还能使人们用新颖的方式解决问题，并产生新的、具有社会价值的产品。创造性思维是多种思维的综合表现，同时还要结合想象、构思才可能实现。如文艺创作、科学发明、技术革新等创造性活动，都是通过创造性思维实现的。

乒乓球运动，是优胜劣汰的竞技运动，不仅给运动员带来了巨大的压力，也激发了才智的创造。我国著名乒乓球运动员邓亚萍刚进国家队时，打法基本是正手攻、反手切挡。正手以快速为主，反手以变化为主，形成正手攻、反手防的基本技术结构。因此，在比赛中，因为她反手进攻无力，对手会以过渡球压制她的反手，然后伺机进攻两角。针对以上弱点，教练为她设计了新的打法，采取正手攻防结合，反手以变化结合主动进攻，从而使原来的弱项变成了强项。邓亚萍因此形成了举世无双的“狠、快、准、灵”的打球风格。

运动中的创造力是以想象力、联想思维能力和灵感捕捉能力为主要成分的思维力。

第五章　中级：乒乓球运动心理的实战

在乒乓球运动中，如何运用心理学的策略与方法，进行有效的进攻与防御，是一个至关重要的思路，其中，有众多的思维方法值得研究。

第一节　运动心理中的自我

一、运动中保持自信的状态

运动中的自信状态既是一个优秀球员必备的心理品质，又是取得“战斗”成功的基础状态。

自信并不是“一定要赢”，而是对自己能力的信心与战胜对手的决心要足够大，这是球员在每一场比赛中最基础的心理状态。球员往往出现过于自信或缺少自信两种情况。有的球员很自大，藐视对手，认为“对手是自己多次打败的球员”；有的球员很自卑，认为“我从来没有打败过对手”，从而畏惧上阵。球员要避免出现这两种情况。

比赛前的自信来自对赛前的知识、技能与策略的全面掌握，即要做好充分的准备。比赛中的自信来自对场上情况的评估与处理的能力，即拥有对于比赛的控制感。乒乓球赛场上每一个胜利的取得，都与这两个过程密切相关。

树立自信心的方法要有：启动、释放与提示词的使用。“启动”可采取不同的方式，有的球员用“系紧鞋带”来启动其心理计划，有些球员以喊叫来启动。“释放”是一种消除不良状态的特殊行为，如出现低级失误、错失得分等情况，可以用手势、心中默念的方式来缓解。“提示词”是球员关注提升表现的方法，要用基于感觉而自然说出的词，如“看球的旋转”，但不能干扰其身体的流畅状态。

二、运用技战术的心理调节

正规比赛不同于平时打着玩，能够发挥出七八分水平就已经非常不错了。

有很多球员有这样的体会，平时一些水平比自己低的人，在比赛中往往能跟自己打得旗鼓相当，比分也是紧追不舍，甚至还可能出现对手爆冷拿下比赛的情况。乒乓球比赛是一个斗智斗勇的过程，“敌我”双方的心态、心理素质等都会影响到比赛的结果。

1. 高水平球员常因求稳心态陷入被动防守局面

乒乓球比赛中常出现“强者困局”：高水平球员面对冲击型对手时，往往持求稳心态，因技术动作趋向保守而陷入被动防守局面，其技术优势反而成为心理包袱；其对手虽实力略逊一筹，却能卸下压力，放手进攻。这种攻守逆转源于战术心理的双重作用：优势方受制于胜负预期不敢冒险，弱势方则借助搏杀战术打乱比赛节奏。最终比赛结果往往出人意料。

2. 思想上出现想赢怕输的想法

在对手肆无忌惮的搏杀下，比分会非常接近。这个时候球员往往会变得保守，希望对手能够多失误几次，但恰恰就是这种想赢怕输的想法，反而给了对手更多的搏杀机会。在实际比赛中，有很多水平高的人输给水平低的人，原因就是不敢主动出击，总想等待对手搏杀失误，结果等对手比分取得领先之后，那就难挽败局了。

3. 比赛中技战术的使用不当

对于比较熟悉的对手，球员自然会对他的短板了然于胸。而对于一些水平不是很高，但又有某项技术特长的人，有可能反而非常难以战胜。球员在比赛时可能会有这样的经历，打直板时压住对手的反手位，尽量不给对手正手攻击的机会。但如果那位对手的强项就是反手，正手技术非常差，这种战术就不对了。这就涉及比赛经验的问题了，实际上并不是对手水平高，而是球员给了对手发挥强项的机会。因此球员要多参加比赛，增加经验，要在摸清对手弱点之后，再全力以赴去攻击对手的弱点。球员如果没有实战经验，即使平时练习水平再高，也难以取得比赛的胜利。球员要摒弃“怕输球”的观念，只有多参加比赛，多跟不同特点的人打，才能获得经验，弥补自己的短板。

在比赛中，要记住以下基本原则。

（1）不论对手水平高低，都要放低姿态去全力拼搏。

比赛中，技术水平高低并不直接决定胜负关系。对于偶然性非常大的“11 分制”来说，球员输给谁都不算是冷门。因此，不论对手水平高低，球员都要放手一搏，把自己的技术、能力都发挥出来，即便是输了，也不会留下太多遗憾。如果球员没有发挥出自己的真正实力就被对手击败，那就太可惜了。另外，球员要在前三板的抢攻上多练习，多设计一些个人的抢攻套路，这样更容易拉开比分，从而牢牢把握比赛的主动权。

（2）摒弃“怕输”的观念，集中精力寻找对手的短板。

在乒乓球比赛中，真正的高手要懂得将“怕输”的焦虑转化为“猎人”的敏锐，集中精力寻找对手的短板。当一个球员的大脑“不能丢分”

的恐惧占据时，这个球员很难发挥出自己的真实水平。只有把注意力放在寻找对手的短板上，才能把握比赛的主动权。业余球员没有经过专业的训练，不论是在正手位、反手位，还是中间位置肯定是有短板、漏洞的。在比赛开始前的练球阶段，要有意识地往对手的中间位置、反手位、正手位试几个球，摸摸对手这三个点的技术实力。找到对手的短板后，在比赛中就要死死抓住不放松。这样，对手就难有翻身和反超的机会。在比分领先的情况下，球员更可以放开手脚来主动攻击，这样对手的压力就会更大，赢球的概率也就更高。

球员的技术打法如果是近台快攻，就应在近台把速度、角度先打出来，让对手左扑右防，把所有的防守压力都给对手。乒乓球的“快、准、狠、变”，要坚持的原则就是要快在对手前边、变在对手前边，敢于下手，一直把比赛的节奏掌握在自己手里。只有这样做，球员才能在比赛过程中牢牢把握住自己的节奏，不让对手牵着鼻子走。

三、乒乓球运动的准星调整

用枪打靶，准星在枪口上，需要“三点一线”才能打得准。打乒乓球，准星在心里，需要“手、眼、心合一”才能打得准、不失误，其中需要的是在思想意识上的转变。

练习过射击的人都知道，子弹的飞行轨迹并不是直线，而是在重力作用下形成的抛物线。手枪射击瞄准归零距离一般是 50 米，即在 50 米距离上，瞄准哪里子弹就打到哪里。当射击 25 米胸环靶的 10 环时，并不能用准星直接瞄准 10 环，由于弹道是抛物线，所以直接瞄准 10 环会让子弹打到下 8 环位置。正确的瞄准方式是用准星瞄准下 8 环位置，这样就有可能打到 10 环的位置上了。

有的球员可能会问，这与打乒乓球有什么关系呢？从深层次来说，在基本功固定的情况下，击球就好似手枪射击，同样旋转、落点和速度的球，用同样的动作击回，落点应该是相同的。之所以会出现正手进攻时球频频出界或者反手击球时球连连下网的情况，是因为球员心中的准星与现实中的击球动作出现偏差，需要纠正。

以正手进攻时球频频出界为例。当球员出手击球时，心里肯定想着这球能上台，发力方式和动作方向也是按照球上台后的模式处理的，这就是球员心中的瞄准系统在发挥作用。但如果出现回球频频出界的情况，就说明球员瞄准上台的位置跟球的实际落点不一致，需要改一个瞄准位置来纠正击球动作。纠正的重点是，球员要瞄准的位置应该是乒乓球网上端的白线。如果球的实际落点和心中准星一致，球员瞄准这个位置击球，球肯定会擦网或下网。但如果原来瞄准的位置不对，导致球频频出界，那么现在瞄准这个位置击球，球就会上台了，既不出界也不下网。这就与射击 25 米胸环靶时瞄准下 8 环位置而能击中 10 环是同一个道理。触类旁通，如果反手击球时出现球连连下网的情况，瞄准的位置应为对手球台的白色端线。如果球的实际落点和心中准星一致，球员瞄准这个位置击球，球肯定会擦边或出界。但如果原来瞄准的位置不对，导致球连续下网，那么现在瞄准这个位置击球，球就会上台了，既不出界也不下网。

基本功过硬的乒乓球高手，在乒乓球比赛中处理相同来球时，出现一两个相同失误时，马上就会调整瞄准的位置，以确保下一个相同的球不会出现类似的失误。进一步讲，当对手发左侧旋球或右侧旋球时，如果不调整瞄准的位置，球肯定会向左偏或者向右偏，为抵消这种影响，确保球上台，必须将瞄准的位置调整至向左偏一点或右偏一点。

四、乒乓球运动的心理恐惧

在乒乓球运动中，很多球员常常有以下心理上的恐惧。

1. 接发球的恐惧

有些球员惧怕接发球，大多是因为这几点原因：因不会判断旋转，导致回球出台或下网，从而产生心理压力；不会判断落点或者判断出现偏差；因站位不当造成无谓失误；握拍方式不当导致无法有效发力或控球；技术动作存在明显缺陷，不少直板球员接球时过度限制手腕活动，仅依赖前后方向的直线发力，导致无法做到有效发力。

怎么解决这些问题呢？对判断旋转而言，旋转无非是 3 种：上旋（推挡或扣杀），下旋（搓球或拉球），不转（推挡或扣杀）。上旋与不转的具体区分要在实践中体会，接上旋球要拍形前倾，接不转球用正常拍形直接扣杀，接下旋球要拍形后仰。对判断落点而言，要强化步法训练，前后左右挪步，根据来球调整站位，没有更好的办法，只有多多练习。对握拍而言，要多看相关文章或者视频，找到适合自己的特点的握拍方式，这是基础要求。就技术动作而言，开始时一定要做好基本动作的练习，直板球员一定要把手腕打开，千万不要前后移动，否则易导致腕部僵硬，不利于发力和利用手腕的力量。

2. 搓球的恐惧

某些初学者不喜欢搓球，甚至恐惧搓球。攻击性上去后，甚至不愿意和害怕搓球了。搓球可以降低很多球员的回球质量，或降低他们进攻的速度，以搓对搓是常见打法。

要想克服对搓球的恐惧，应从以下几个方面改进。

（1）降低弧线。尽量去击球的底部，或者击球的中下部。在击球时，给球一个向下的力去压制球的弧线，避免回球弧线变高。同样也要判断来球的旋转，如果是个不转球，过多去搓球的底部就会让球的弧线变得很高，可能导致球出台，或者形成对对手有利的机会球。对上旋球也可以搓，但如果搓不好，也会使球冒高，让对手有机会痛下杀手。

（2）拍形立一点。搓球的中部，有点类似于侧切。

（3）在球的下降期搓球。有点类似于削球，以降低球的弧线。

（4）需要适当的力量。如果对手的搓球有一点侧旋，一定要有一个对应的拍形去抵消它的旋转，用刚刚过网的力量去击球，原则就是不要主动发太多的力，就像摆短一样。

第二节　乒乓球运动员的“超我”

一、遇到水平相近的对手时的心理准备

在比赛中，球员会遇到各种类型的对手，有时遇到水平相近且难以战胜的对手，这主要是因为球员不熟悉对手的类型和特点，没有采取有效的应对策略。所以，如果球员提前准备了应对之策，那么胜算就会大大提高。

如果是强攻型对手，此类人往往爆发力强，站位多在球台中间，遇到机会时通常以力制胜，发球多以中长球为主。应对这类对手，球员需要重点关注的不是力量和旋转，而是落点和速度。

如果对手步法差，说明其协调性不好，球员就应想尽办法把对手调动起来，台内过渡球多用点、蹭的手法，加快速度，加大角度。越是让对手在运动中击球，对手的失误就可能会越多。如果球员的防守技术和反攻技术都不错，站位可以稍微后退一点，利用球落点的变化，持续扩大对手的跑动范围，进一步暴露对手的弱点。

二、击球时机的心理准备

旋转球从球台上反弹以后，什么时候旋转最强？

首先要了解一点，如果对手拉过来一个高吊弧圈球，在他的球拍击打乒乓球以后，乒乓球的旋转速度会在极短的时间内达到最大值。在旋转速度达到最大值以后，乒乓球在飞行过程中，即落到本方球台再反弹的过程中，它的旋转速度是逐渐降低的，旋转速度也不可能突然增强，因为没有外力再给它第二次的摩擦。

高吊弧圈球在上升初期比较容易处理。在强烈的上旋球在本方球台反弹后，这个球的飞行弧线是向上的，此时击打这个球，要将拍面稍微压一点，借助球向上飞行的反弹力回击。球的飞行是有方向的，在上旋球接触本方球拍以后，球拍会给球一个强烈的反作用力，球会向上、向前飞行，此时可以借助球向前飞行的力量，把拍面压一点，稍微地给球一点点向下的力量，就可以把球的飞行弧线压低，使球上台。

如果到了球下降的后期，球员不能压着拍面去接这个球，因为球已经没有直接的过网弧线了。要制造过网弧线，球员需要主动地向上用力，但是球又有上旋，再向上用力，拍面会向后仰，球接触球拍以后会给球一个向上的力，此时球会飞得高，导致很难压低球的飞行弧线。

球在脱离对手的球拍以后会达到最高的旋转速度，球落台以后并再向前飞行时，它的旋转并不会减弱多少。因此，不宜等该球的旋转速度明显降低后再击球，应把握好最佳击球时机。

三、比分 10 平后的心理战术

乒乓球比赛中经常会出现双方比分达到 10 平的情况，这是本局比赛的关键阶段，这一比分往往给球员带来极大的压力，这一阶段也是考验球员心理素质的最重要的阶段。如何渡过这个难关呢？

许多教练员会在此时对球员说："放松，放开打！"但具体应如何调节心态呢？有没有什么可以遵循的规律？把握好以下几点，获胜的可能性就会大为提高。

1. 必须从内心深处坚信"输赢就是一次训练"

放下输赢带来的压力，虽然这句话如此简单，似乎很多人都懂，但是这的确是一件非常难以做到的事。因为很多球员就是憋着劲要赢下这场球，为此做了无数的准备，赢不了比赛无法"面对江东父老"。要想真正做到放下压力，球员必须学会"用心"去体验。因为输球大多输在不敢打、不敢拼，保守被动。放下输赢带来的压力，要经过长期训练才能做到。

2. 把 10 平看成 0 比 0，从 0 开始，放平心态

只有将注意力放在对手的战略、战术、打法时，球员才会是专注的、放松的，才能更好地发挥自己的长处，抓住对手的短处。因为，球员只有放弃了输赢，丢掉了包袱，从头开始，才可能正常乃至超常发挥技术水平。

3. 人为设置"屏障"，防止场地、观众干扰正常水平的发挥

很多人对自己在他人面前的表现非常在意。因此，周围人的鼓励和"加油"反而会成为负担。场内的球员虽然能理解场外人的心情，但却要自己去面对比赛中脑力和体力的消耗。因此，球员要学会人为设置"屏障"，防止外界因素的干扰。

总之，双方比分 10 平之后的决战，是心态方面的较量，也是高水平运动员展现技术水平的精彩时刻。因此，球员不能仅仅从理论上懂得以上的道理，更要在训练过程中践行这些道理。

四、乒乓球运动的心理放松

乒乓球运动中，球员在比赛前与比赛后往往需要一定的放松，以达到养精蓄锐、减缓压力的作用。放松训练（relaxation training）又称松弛训练，它是按一定的练习程序，学习有意识地控制或调节自身的心理和生理活动，从而降低机体唤醒水平，调整因紧张刺激而紊乱的功能。古今中外属于此类的方法很多，其共同特点是松、静、自然。放松方法主要有以下几种：

1. 渐进性放松训练

渐进性放松训练又称渐进性肌肉放松训练，是美国生理学家艾德蒙·捷克渤逊（Edmund Jacobsen）于20世纪30年代根据在有意识地松弛肌肉的同时，情绪亦感觉轻松的身心反应现象而创立的。这是一种通过对全身各肌肉群按照一定顺序反复进行紧张—放松循环练习，促进肌肉放松和大脑皮质唤醒水平下降的一种放松疗法。具体措施是：采取舒适的坐位或卧位，按照从上到下的顺序，渐次对身体各部位的肌肉先收缩5～10秒，同时深吸气，体验紧张的感觉，再迅速地完全松弛30～40秒，同时深呼气，体验放松的感觉，如此反复进行。可以进行某一部位或全身肌肉的紧张—放松的练习。练习时间从几分钟到30分钟不等，可根据训练的肌肉群的范围灵活把握时间。

2. 腹式呼吸

腹式呼吸可分为顺呼吸和逆呼吸。顺呼吸指吸气时轻轻扩张腹部，尽量做到深吸气，呼气时保持肌肉放松；逆呼吸正好相反，在吸气时轻轻收缩腹部，呼气时再进行放松。保持深度呼吸的状态，可以有效到达放松的目的。

目前，有一种软件可以测试放松的程度。通过监测，当球员达到全身极度放松时，屏幕上树木的树叶会变成绿色。

3. 漂浮疗法

漂浮疗法是 20 世纪 70 年代创立的一种综合的心理治疗方法，已在全世界广泛流行。基本的做法是让球员漂浮在以硫酸镁为主的液体中，这种液体有很高的浮力，球员可以在漂浮舱中达到极度放松的状态，在一定程度上可以帮助球员恢复体能，使球员取得更为出色的成绩。漂浮疗法已经进入了国家队运动员训练、放松与体能恢复的方法之中，多个运动队采用了该方法，取得了非常好的效果。

五、增强连续进攻的能力

增强连续进攻的能力，需要从技术到心理上都有变化和提高。很多球员只有一板的进攻能力，无法连续进攻，更不用说进行中远台冲拉了。要想解决这个问题，球员需要在心理上有连续进攻的意识，同时在规范动作、转换重心、掌握步法和衔接几个方面下功夫。

1. 增强心理预判

有些球员在进攻一板后，对对手回球的位置没有留心和预判，即缺少心理准备，等到球飞回来了才有反应。球员应在击球过程中，集中精力对回球的位置做出大概的心理预判，准备下一板击球。同时还要分出一部分精力，留心回球有没有回到自己预判的位置上，这样才能很好地使用衔接技术，进行下一板击球。这个留心（用心观察回球轨迹）和预判（是否落入自己的预判范围，并做快速调整）的比例，一般是三七开，在实际运用中，球员要根据对手的特点有所侧重。

2. 动作要规范

乒乓球运动中的常见动作问题有两个，一个是抬肘，另一个是抡上臂。攻球时抬肘是很多球员的通病，也是进攻动作不规范的典型问题，其表现为，击球后执拍肘部高于执拍手，无法流畅地还原到预备击球起始动作。不仅无法连续进攻，球的命中率也非常低。对于抡上臂问题，很多球员抡起上臂打球，不注意击球时快收前臂的加速作用，感觉用了很大力气，但作用到乒乓球上面的力气没多少，而且动作幅度变大，还原太慢，从而无法形成连续进攻。

3. 重视转腰和重心转换

近台的正手进攻，由于借力多，主动发力少，即使没有转腰和重心转换，进攻效果也尚可。一旦稍退台，用连续的前冲弧圈球进攻，如果没有转腰和重心转换就无法将全身的力量作用到球上，击球没力量，自然无法高质量地连续进攻和相持。特别是一旦在击球过程中重心不稳，将无法有效还原到预备击球状态，导致无法连续进攻，陷入被动。

4. 要有灵活的步法

手法是乒乓球的基础，步法才是乒乓球的生命。没有灵活的步法配合，再精妙的手法都是空中楼阁。在连续进攻和相持过程中，双方都会竭尽所能用击球落点去调动对手。熟练掌握各种步法才是连续进攻的基本保证。

5. 学会适当退台

乒乓球比赛中的最高球速（平均速度）可达 20 米 / 秒，对手进攻的快球到达己方球台只需要 0.15 秒。球在空间运行的时间为 0.3 ～ 0.5

秒。人的反应速度是有极限的，普通人的反应时间是 0.3 ～ 0.5 秒。因此，为了有更充分的击球空间和时间，球员在相持阶段要学会退台。当把下旋球用挑打、拧拉等技术转为上旋球时，球员要马上适当退台，因为上旋球的速度快、距离长。在台内处理短球时，要退得多一些；处理出台长球时，由于站位本来就远一些，稍退半步左右即可。

第六章　高级：乒乓球运动的智慧境界

乒乓球运动是一个充满智慧的运动。在双方技术水平相近的情况下，斗智斗勇就成了制胜的关键。越是在高水平的比赛中，球员心理素质的差距就越发明显。如何加强这方面的研究，也是当代乒乓球运动发展的一大课题。

第一节　反败为胜的心理智慧

一名运动员在任何竞技比赛中都会出现比分落后的情况，比分落后对于运动员来讲，是一个不小的压力，乒乓球运动也不例外。如何在比分落后的情况下力挽狂澜、反败为胜，就成了每一名运动员与教练员必然要面对的课题。这里有一些重要的经验与大家分享。

一、看淡比赛的成败

这是最为重要的心理，不是理论上的看淡，而是真正的看淡。所谓看淡，是彻底地放下负担，即要放下“如果不能取胜就会如何”的想法。赢球时，要看淡成败，输球时更要如此。越是优秀的球员，越是看淡输赢带来的后果。特别是在与对手实力相当的比赛之中，球员更要这样思考。许多球员将比赛看成一次训练，或是把比赛看成向对手学习的过程，这是一种很好的心理状态。

二、看重比赛技术处理

越是与对手水平接近，越是要认真研究比赛过程和对手的优势与劣势，认真想好战术战法。头脑中没有输赢之分，只有这个球处理的对错与失误的原因。不能等着对手失误，也不能认为马上就可胜利，而是拼到最后一分。就是这样一分一分地追，不想还差多少，只是努力而已。机会、运气不以每个人的意志为转移。

三、全面技术与杀手锏结合

一名优秀球员的关键训练方向是全面提高自己的技术水平，不能偏废任何一种技术，不能有明显的弱项，正手与反手技术都不能差，都能进攻，才能在比赛中不落下风。不管用何种拍形、何种打法，球员都要以自己主动争取成功为基础，而不能以对手失误为幸运。在全面的基础上，球员还应该有自己的特长和杀手锏，学会创造机会，并看准机会出击、制胜。

每一次输球，都是一次基础训练，找到弱点，快速纠正，就能一步一步走向成功。

第二节　高层次运动员的心理选拔

运动员的选拔，是各级乒乓球队历来十分重视的一个问题，越是高层次的球队（如国家队）越重视运动员的选拔。在心理学越来越普及的今天，心理学的许多研究，如心理评估，已被引入乒乓球运动员的选拔中。

心理评估就是对人的心理素质与水平的测试，不仅有各种主观测验，如艾森克个性问卷（EPQ）、卡特尔的16种人格因素问卷（16PF），也有更多的客观测验，如绘画测验等投射测验，也出现了如内田克莱佩林心理测验（UK测验）等测验。这些测试问卷、量表、测验的使用，使乒乓球运动员的选拔更为客观、更为公正、更为合理，也更为科学。

此外，在心理测试实践中，还发展了一些对人的心理稳定性的客观测试，如让运动员手持一个乒乓球拍子，上面不断地摆放小口径枪的子弹壳，观察在保证子弹壳不倒的前提下最多能放到多少个。一般人，放3～5个就会出现子弹壳倒了的情况；优秀的乒乓球运动员，特别是心理素质稳定的运动员，可以放到7～11个而不倒。

诚然，对于优秀运动员的选拔，还要综合考虑其他因素，但无论如何，这些测试越来越多地被使用、被重视，足以说明，心理学的成果可以被应用于乒乓球运动。

第三节　高水平运动员的心理训练

高水平乒乓球运动员不仅要具有良好的身体素质和技战术水平，还要具有上佳的竞技心理状态，只有这样才能在比赛中立于不败之地。江苏科技大学对高水平乒乓球运动员的心理训练方法进行了研究，指出训练方法主要有意志品质训练、自信心训练、模拟训练、自我控制训练、自我暗示训练和竞争意识训练等。以下对最常见的两种训练方法进行介绍。

一、自信心训练

所谓自信，是指个体发自内心的自我肯定与相信。自信不是希望做什么，而是切合实际地想做什么。自信不是说出来的，而是关于自身真实能力的内心想法。可将自信看作一个连续的整体，两端分别是缺乏自信和过度自信，最佳的自信水平位于中间位置，具有最佳自信水平的运动员是具有能力并且事先做好准备的人。提升自信的方法主要包括：能力表现成就（目标设定、个人成就墙、个人精选片段等），间接性经验（示范和意向），口头说服（反馈和自我对话）以及唤醒控制等方法。

二、压力管理训练

压力是指个体对各种刺激做出生理、心理和行为反应的综合模式。压力是一把具备“有利”与“有害”的双刃剑。压力受到竞争要求（竞争要求重要且不确定）、个人控制（个人资源与能力）及应对策略（解决问题的技巧）三大因素的影响。压力管理就是要消除压力的消极影响，可以通过“竞争设计”“个人设计”“问题解决”“心理计划”来实现训练目标。

参考文献

［1］张中元，朱惠平，罗源，等．健康中国背景下乒乓球运动“软式化”发展的必然与应然［J］．辽宁体育科技，2020，42（6）：43-47.

［2］刘同众．看图学打乒乓球［M］．合肥：安徽科学技术出版社，2017.

［3］王艳．乒乓球［M］．北京：科学出版社，2016.

［4］路富林．浅析乒乓球战术意识的培养［J］．内江科技，2013，34（3）：181，136.

［5］张力为，毛志雄．运动心理学［M］．北京：高等教育出版社，2007.

［6］伯顿，雷德克．教练员必备的运动心理学实践指南［M］．陈柳，译．北京：人民邮电出版社，2017.

［7］胡佩诚，洪炜，吴任钢．心理督导师［M］．北京：北京师范大学出版社，2022.

［8］虞荣安．新编乒乓球教程［M］．西安：西北工业大学出版社，2011.

［9］陈利和，等．一学就会的 100 个乒乓球实战技巧［M］．2 版．北京：化学工业出版社，2018.

［10］那铎，灌木体育编辑组．看图学打乒乓球［M］．北京：人民邮电出版社，2016.

［11］贾纯良，穆亚楠．乒乓球快速入门与实战技术［M］．成都：

成都时代出版社，2014.

［12］周林，陈作珺 . 乒乓球［M］. 北京：北京体育大学出版社，2009.

［13］姜涛，刘恭 . 乒乓球［M］. 长春：吉林出版集团有限责任公司，2010.

［14］唐东阳 . 乒乓球［M］. 武汉：华中科技大学出版社，2022.